JEAN CLAUDE NSHIMYUMUKIZA

Une dernière danse

JEAN CLAUDE NSHIMYUMUKIZA

Une dernière danse

Éditions Muse

Imprint

Cover image: www.ingimage.com

Publisher:
Éditions Muse
is a trademark of
Dodo Books Indian Ocean Ltd., member of the OmniScriptum S.R.L Publishing group
str. A.Russo 15, of. 61, Chisinau-2068, Republic of Moldova Europe
Printed at: see last page
ISBN: 978-620-3-86608-7

Dédicace

A l'unique femme de ma vie qui a illuminé ma vie par une bonté incomparable comme des éclaires de tonnerre dans des ténèbre impénétrables rendant mon cœur comme une rafale de projecteur le long de me vie.

Introduction

Bien que l'amour soit un sentiment vif qui pousse à aimer quelqu'un(e), à vouloir du bien, à aider en identifiant plus ou moins. L'amour désigne aussi un sentiment intense d'affection et d'attachement envers un être vivant ou une chose qui pousse ceux qui le ressentent à chercher une proximité physique, intellectuelle ou même imaginaire avec l'obligation de cet amour, elle fait partie des moments de bonheur, de tristesse, d'angoisse et au moment de mauvais interprétation engendre des haines mais dans tous les cas, elle reste une ressource de bonheur.

Dans sa vie amoureuse, Gabriel reste l'homme de principes et honnêtte à son amour malgré tant de circonstances qui le met en tentation mais sa position en amour donne un example à suivre.

Une dernière danse

Bien que son apparence et son physique ne lui donne pas des qualités extraordinaires dans sa vie mais sa bonté et son sens de compréhension et d'humilité lui confèrent tous les dons dont son entourage a besoin. Ce garçon n'est personne d'autre que, GABRIEL, né dans une fratérie de 9 enfants dont il est le quatrième de sa famille parmi les quatre garçons dont Isaac l'ainé de la famille, Charles, Antony et Gabriel et cinq filles Michelle, Ange, Josiane, Isabelle et la cadette Annette.

Sa croyance de l'Eglise catholique lui fait parti des chrétiens convaincus et pratiquant. Lors de mon enfance, son premier souhait était de devenir prêtre un jour et il était convaincu que mon souhait est devenu une réalité lors de son entre au petit séminaire. Son rêve de devenir prêtre n'a pas tardé à le perdre puis qu'au bout trois ans au petit séminaire son orientation ne l'amène que dans l'école des Sciences qui était une autre école mixte mais son rêve reste encore même si les chances étaient minimes.

Son adolescence était caractérisée par la timidité mais cela ne lui empêchait pas de blaguer un peu avec les filles surtout celles qui se trouvaient dans le mouvement des SCOUTS dont il adorait beaucoup et une des motifs indiscutables si l'on veut s'approcher de lui. De plus qu'il s'est investi beaucoup dans des activités du scoutisme tel que la bonne action quotidienne (bea), jouer à des pistes ou dans des moments des rassemblements et d'animation ce qui le pousse à quitter sa timidité et au fur du temps, des réactions sentimentales réapparaissent mais il reste toujours timide.

Un jour, il a rencontré une fille ''Charlie'' était une fille charmante, de bonne taille, élancée mais âgée de plus que lui. Son inexpérience lui rendra vulnérable puis qu'il n'avait rien à dire et restait muet mais au contraire sa petite amie Charlie, elle, ne se découragea pas, à différents reprises, des occasions de provocations ne manquent pas malgré qu'il reste enfermer sur lui-même. Avant tant de rencontres, des sujets à border, des mots à dires ainsi que des questions étaient rédigés au préalable mais au moment opportun de leur rencontre tout ce qu'il avait programmé à dire, disparaissaient à sa vue et réapparaissent dès qu'elle lui quitte et il se sentait furieux contre lui même.

Les années passent dans cet angoisse mais des progrès dont il a encaissés étaient remarquables mais voila qu'un jour il quitta son milieu habituel pour s'installer ailleurs laissant sa Charlie seule sans aucun autres moyens de communication sauf la voie postale puis que les téléphone s mobiles étaient quasi inexistant chez lui à leur époque et celles les fixes ne trouvaient que sur les chefs lieux de province.

Son absence a laissé un vide si énorme dans sa vie que les deux années qui ont suivi son départ, était comme si il était insensible à l'amour mais ne lui empêchait pas de panser à elle, d'écrire tant de lettres mais n'arrivèrent à leur destination.

Ce sentiment de l'aimer toujours lui a permis à être si loyale à elle de telle sorte que il ne pouvait plus approcher une autre fille en raison de ne pas trahir leur amour.

Quand il pense à elle, une seule souvenir d'elle dominer ses pensées « Sa première dance ». C'était une chanson si douce avec un rythme si charismatique de façon qu'elle reste graver dans sa mémoire à jamais.

Il n'avait jamais pansé qu'un jour il prendra place sur la piste devant un si grand nombre de personne pour danser de peur d'être ridiculisé puisque il ne savait pas encore danser.

Assis derrière sur une chaise, son acclamation pour ceux qui dansent, était si fort et c'était son habitude, ces yeux étaient fixées sur la première couple qui va faire l'ouverture de la piste puis qu'il n'avait en aucun cas y la volonté de danser devant un si grand nombre de gens et il n'y attendait pas que cette soirée était le sien. Dès le début, Charlie avait caché son intention, elle faisait semblant d'avoir une malaise. Comme un coup de foudre, elle se leva et se dirigea tout droit vers Gabriel d'une marche lente mais sûrement, il ne resta qu'un seul geste, elle tient sa main, une heure de vérité était afin arrivée, une surprise sans précédente. Il ne pouvait ni refuser ni s'enfuir, son cœur battait si fort mais d'une voix si douce, elle lui a dit '' Je t'ampli, aujourd'hui c'est notre dance à l'improviste mais tu te rendras compte à la fin et tu t'en souviendras toujours. Sans aucune résistance, main dans la main, ils se dirigèrent vers la piste comme un roi et une reine, les acclamations de toute la salle étaient si fort que personnes n'ose les approcher ou créer des embouteillages mais ils se tenaient tous à l'écart laissant la piste vide pour leur dance.

Une mélodie extraordinaire voici qu'elle retentit dans les hauts parleurs et une sourire si éclatante de bonheur à son égard lui donna un feu vert de commencer leur dance. Le moment qu'a duré leur danse était caractérisée par un bonheur immense que la musique a pris fin sans le savoir et le vouloir mais continuèrent quelque seconde. Leur dance a été une occasion d'officialiser leur amour et d'une voix douce et confiante, Charlie lui a dit :'Tu sais que je t'aime et je profite cette occasion pour te dire encore Je t'aime'' et Gabriel sans hésiter avec une réponse encourageante répond :

-Depuis toujours tu le sais, 'Je t'ai aime, je t'aime et je t'aimerai toujours'

En quittant la piste, ils étaient confiants de leur amour et la façon dont ils extériorisent leurs sentiments à déterminer leur avenir.

Depuis ce moment, cet événement a été comme une alliance entre eux et de sa nature, il est si royal et son amour est de même.

Il y a une chose qui lui rendra si triste, une photo d'elle qu'il avait perdue alors que leur chance de se rencontrer une autre fois était si minime puis que les études lui obligèrent à migrer souvent.

Les mois et les années ont écoulé sans nouvelle de sa meilleur amie et il ne cessait pas de panser toujours à elle, il a pris la décision de se rendre à sa colline natale avec une chance de la voir de nouveau. En arrivant chez elle, sa petite sœur Inès lui accueilli avec une gentillesse énorme, qu'une conversation de cinq minutes sans parler d'elle mais en posant la question sur Charlie, elle était choquée, elle pansait qu'il était venu la voir mais comme c'était a sa grande sœur, sans le vouloir et elle ne dira rien d'autre qu'elle vient de partir au travail. Sa petite sœur resta à côté de lui, et il a été surpris qu'elle fût au courant de leur amour. Une angoisse de son absence remporte mais au moment ou il allait partir, il attendrie une voix : ''Ouvre moi la porte ! » Il ne suffisait qu'un simple pas en avant pour qu'un simple regard tombe sur Gabriel : **OOOOH MON DIEU, GABRIEL !!!!!!!!!!** Elle jeta tout ce qu'elle avait dans ses bras et tombant dans ses bras en pleurant et en murmurant : « Pour quoi tout s'arrive à moi ? **»** **!** Il était si heureux de la voir encore. Il a pris tout son temps de la consoler d'effacer ses pleurs .Aucun autre idée ne revenait dans ses pansées sauf une nostalgie de leur retrouvaille. Elle était si heureuse de lui voir encore, en se rappelant leur dernière dance mais leur bonheur n'a pas duré longtemps, 'une nouvelle si bonne pour sa famille et mauvaise pour Gabriel a été annoncée : « Je suis fiancée et je vais me marier dans trois mois, Où étais-tu durant ce temps **?** » en pleurant et lui frappant sur la poitrine.

Des explications datant de leur séparation en précisant qu'elle a toujours tenu leur promesse mais au cours du temps, à l'absence de communication, elle n'a pas résisté à la solitude sans signe de vie de la part de Gabriel, elle n'avait aucun autre choix que de tomber dans les bras d'un autre homme dans sa vie et qu'ils vont se marier bientôt puisque toutes les préparatifs ont presque fini, le reste est une invitation à son mariage.

Durant tout ce temps, Gabriel étais épuisé ,une tête penchée entre ses jambes pour cacher ses yeux remplis de pleurs et de ce long trajet fait pour venir apprendre cette nouvelle qui lui a rendu vulnérable même s'il était encore content de la voir, , d'une voix basse, il lui a dit : « Je te comprends, le temps n'a pas joué à ma faveur et j'ai été si idiot de te laisser si longtemps sans venir te voir et bien je te remercie de ta sincérité ». Leur conversation a pris fin et il les a remercié de leur chauleuse et aimable accueil et Charlie avec sa petite sœur Inès ont accompagnée Gabriel mais au court de route, Charlie a pris la décision de retourner à la maison voyant qu'elle ne pouvait faire autrement sur son chagrin et sa tristesse mais avant de se dire adieu, elle lui a confiée a sa sœur Inès en la demandant de prendre le relais en essayant de lui consoler comme si c'était elle. D'une façon brusque, elle est partie en pleurant et en courant mais sa sœur à montré du sang froid, elle a maitrisée la situation en essayant de monter sa morale. Etant donné que Gabriel avait encaissé un choc, il se souvenait du dernier instant avec Charlie « Tu sais tout menant et mon cœur sait encore que je t'aime encore même si je ne peux changer rien, je t'aime, va faire ta vie peut être que si Dieu le veut nos chemin se croiseront encore avec un bisou qui a mis fin à leur rencontre. »

Durant ce long chemin vers l'arrêt de bus, Inès a réussi à convaincre Gabriel d'une possibilité à une nouvelle vie, sans tristesse ni angoisse et de toute les façons elle est disponible à partir de l'instant même s'il le veut, à surmonter ces dures moment ensemble.

Une piste pleine de surprise

Certaines collèges envisagent des concours de détection de talent ou chaque élèves ou étudiant participent dans toutes les disciplines et a la fin les judges impertiales attribuent des points selon le travail de chacun et c'était le cas où Gabriel a participé dans des différents concours dont la poésie, les chansons, l'art de dessiner mais à la fin il a été retenu dans une seule séance là où il va consacrer son énergie pour essayer de remporter le trophé. Les préparatifs avancent dans une ambiance calme mais ce week end extraordinaire, qui déterminera les stars de l'année mais aussi une occasion de motiver les nouveaux lauréats à part les études de se lancer eux aussi dans des activités para scolaires pour mieux se détendre.

Ce soir là, après une longue journée de compétitions atroces en jeu comme le football,volleyball,basketball,handball,tenis et tenis de table,echec,dame et autres disciplines dont chaque personnes avait l'obligation de participer dans une ou plusieurs,la danse et l'interprétation des chansons étaient les derniers sur la liste.

Les différentes sortes de danses ont commencé, une quinzaine de personnes avaient y participer dont Abdul et Natacha qui ont remporté ce concours pour la danse moderne,le groupe d'Aline,Mignone,Angélique,Immaculée,Fany et Albertine pour la danse traditionnel. Pour l'interprétation des chansons, leur tour était à la fin arrivée, une liste de six personnes dont Juvénal, Bosco, Jacquelline(Jacky), Bosco, Illuminée et Gabriel et chacun avait le droit à trois chansons. Comme ils étaient sur la liste, avec des l'assurance que chacun interprête ses propre chansons diffèrent aux autres mais ils conservent l'authentisté de l'auteur.

Selon les performances visibles sur la piste, chaque personne qui passe emporte l'assemblée et le doute commence à regner dans les supporteurs qui voyaient que chaque personne qui y passe pour le concours merite ce trophé jusqu'au moment ou Gabriel y arrive. C'était un garçon timide aux yeux de tous, avec son tempérament introverti, peu social, qui peut passer deux mois sans croiser aucun autorité, très ordonné partout où il est mais sans être dans la chorale de l'école sa voix était audible dans la chapelle chaque matin pendant la messe mais en s'ecartant de celui là.

Une chanson de Bob Marley,Redemption song avec une guitale sans l'aide de quelqu'un d'autres ,une maitrise remarquable mais aussi son sang froid,sa voix sans interference a fait monter la voix des supporteurs,la salle commence à applaudire sans oublier que sauf les judgets ,les autres étaient debout,une deuxième chanson était celle de Celine Dion, Pour que tu m'aimes encore,les acclamations montent encore de plus et la troisième celle Michel Jackson ,Hill the world sans voter

,les supporteurs reclament qu'on lui atribue le trophé sans l'aide des judges mais les règles devraient être respectées.

Au moment ou les judges prennent leur temps pour prendre une décision, l'assemblée sollicite que Gabriel revienne sur piste, sans tarder à l'aide de ce guitar, une autre chanson Jolie bouteille sacrée bouteille et une autre de Garou, Demande au soleil les interprête en merveilles.

Le trophe pour l'interpretation des chansons a été attribué cette année à Gabriel qui, par mérite, a manifesté des qualités et dons dont un artiste a besoin dans son parcours. C'était la première qu'un nouveau concurant joue à la guitard de façon profissionnel sans l'aide de l'orchestre du collège et malgré le peu de temps qu'ils ont utilisé dans leur préparation, sa voix reste authentique et agréable à entendre, la maîtrise des sentiments de ceux supporteurs à réveler aux judges son don que personne ne peut ignorer et la raison pour laquelle sans aucune hésitation ce trophé est inévitablement attribuer à Gabriel et tout l'assemblé acclame cette victoire.

Par surprise, Gabriel ne savait pas comment se comporter dans une telle situation, le trophé qu'il a gagné avait tant de signification dans ses yeux, à son entourage, dans le collège en général mais ce qui lui inquiète de plus est la façon dont il se comportera après. Dans ces instants après l'annonce du gagnant, Gabriel était tellement loin de la réalité emportait dans ses pansées de façon à ce que malgré des émotions comme une personne qui vienne d'être nommé meilleur chanteur et interprête de l'année, sa timidité lui rende vulnérable de quoi à dire dans les instants qui vont venir.

A l'instant même, les chargés du protocole accompagnent Gabriel à l'endroit où les invités d'honneur procéderont à la remise des prix pour tous les concurant de cette année. Comme on l'a fait dans les concours, les équipes de football, basket ball, volley ball ainsi de suite pour enfin terminer avec la danse et l'interpretation des chansons. C'était aussi lui qui a été choisi parmi les autres concurant de prononcer un mot de remerciement à l'égard des autorités du collège qui par leur enthousiasme de detecter les nouveaux talent cachés et de les accompagner pour enfin glandir et devenir des hommes integres. Il a été choisi aussi pour l'aider à se débarasser aussi de sa timidité.

A part des prix propre à chaque discipline, ils ont en commun réçu une aide continu des formateurs qualifiés qui les aideront à ameliorer leurs talents.

Dans son mot de remerciement, Gabriel a tellement souligné le rôle et l'incontournable impact que cette initiave instauré par les autorités du college dans le but va aider les jeunes talentiés à les ameliorer mais aussi à reveiller celles dont les proprietaires ont ignoré leurs existences en eux. De ma part, cette opportunité va m'aider à aller en avant et à aider les autres d'en faire de même et ce don de guitard, un cadeau avec tant de signification, restera marqué toute ma vie.

Depuis lors, Gabriel a fait tout son possible pour faire avancer ou monter son talent mais sa timidité et l'envie de réussir ses cours en premier prennent le dessus avant de se présenter comme un artiste.

Une petite sœur qui prend le relais

Lors de leur dernière rencontre, Charlie avait confié son amoureux à sa sœur Inès qui était à son tour dans une déception de son fiancé qui a pris la décision de se marier avec femme veuve suite à son argent. A cette occasion, elle devrait faire son maximum possible en essayant de combler ce vide. Comme elle savait ce qu'elle voulait, toutes les moyens était permises pour elle et connaissant l'état sentimental dont Gabriel faisait l'objet, une approche décisive en le montrant une compassion, une volonté remarquable de l'aider à traverser cette crise ou à essayer de le faire oublier sa déception heureusement qu'elle aussi en était victime.

De jours en jours, leur communication allait en avant, même si elle devrait utiliser une téléphone publique presque tous les jours, elle n'hésiterait pas à le faire tant de fois qu'il le faut bien que Gabriel aussi en a pris conscience de son tour, il ne cessait pas de prévoyez chaque jour une heure destinée à son appel et il en a pris le relais de la devancer avant qu'elle refasse.

Inès était une fille tellement courageuse, elle a jugé bon de rendre visite Gabriel avant que le mariage de sa grande sœur Charlie aura lieu. Comme elle le faisait presque tous les jours, ce vendredi après midi lors de son appel, Inès avait promu à Gabriel de lui rendre visite le plus tôt possible et même elle connaissait son agenda de toute la semaine et il lui a promu de rien changer à ce qu'il avait programmé sans tenir compte que son souhait peut devenir une réalité.

Une surprise sans suite ,ce samedi matin alors que Gabriel était assis dans le jardin entrain de lire la bible à côté de lui une petite table qu'on avait utilisé pour lui servir son petit déjeuner comme dans tout les weekend il se leva assez tard et c'était de même ce samedi, une personne a sonné à la portaille,il s'est précipité pour ouvrir en pensant qu'il allait récupérer comme d'habitude ces dix litres de lait mais au contraire ,il a été surpris que c'était Anaïse. Sa surprise l'a tellement choquée et avec tant d'émotions de bonheur, il ne savait pas comment se prendre mais il la souhaitait la bienvenu et comme son thé était servi au préalable il ne resta que prendre place et en profiter. Comme ce thé était délicieux, ils en avaient profité pour rendre sa visite si agréable et chaleureuse comme si ce n'était pas la première et les compliments s'en suivent.

-Me voici aujourd'hui, je t'avais promu que je viendrai te rendre visite même si hier au téléphone je n'aie pas pu le confirmer et moi, j'en avais pas aucune idée mais dans la nuit lors de mes rêves, j'étais avec toi en me réveillant, j'ai vu que tu n'étais plus là, ton absence m'a angoissé et je n'ai pas pu en supporter, la seule solution possible à ma faveur était de venir te rendre visite sans aucune hésitation.

-Merci beaucoup, même si j'attendais ta visite, il ne savais pas que tu viendras aussi tôt que possible, en te voyant ,je n'ai pas pu caché mes émotions, j'étais si heureux que pleurer n'était qu'une simple geste mais significative. Dès le moment ou tu as pris place dans ma vie, tu me rendes heureuse, mes pleurs se sont transformés en sourire, ma déception n'est que du passé même si les cicatrices restent mais j'espère qu'au fur du temps et avec ton aide s'effaceront aussi.

-Lors de ta dernière visite chez nous, la façon dont tu as appris la déception de ton amour avec ma grande t'a rendu vulnérable, épuisé et sans défense, tu ne savais pas que ma sœur allait se marier bientôt et c'est la raison pour laquelle tu es venu la voir en espérant que votre amour existe encore. A ta venu, ta morale était débordante mais tu es rentré vide, tu as fait appel à mes mauvais souvenirs, j'avais un devoir de t'aider même si Charlie ne l'avait pas voulu.

Dès nos premiers regards, tu m'as impressionné puis que j'étais seule ,j'avais l'impression que c'est toi qui va occuper la place que Charles occupait dans mon cœur avant qu'il me dise qu'il ne m'aimait plus ,une chose grave aussi au moment tu m'as dit que tu cherches ma grande sœur et en voyant comment elle était choquée et j'étais aussi soulagée en me disant que je vais prendre le relais que tout est fini ,j'étais si égoïste mais je devrai tenter ma chance avec toi.

-Ce n'est pas ta faute, elle avait pris la décision sans aucune possibilité de revenir en arrière seulement de me contenter de peu de chance que j'avais.

-Mais tu prendras place au mariage de ma grande sœur mais aussi ton ex, je sais que je ne suis pas dans la place idéal pour t'influencer ca mais je voudrai que tu sois la pour moi, me tenir compagnie rien que ca.

-Oui je viendrai volontiers et je serai ton compagnon.

-Je ne voulais pas que tu sois mon compagnon durant la cérémonie de mariage seulement mais je veux que tu le sois toujours et même plus que ça. Avant que Charles soit corrompu par l'argent, il était mon meilleur ami et compagnon d'enfance, toute ma famille était au courant jusqu'au jour ou il a rencontré une femme veuve mais avec beaucoup d'argent. Au paravent, leur relation était simple, il m'informait de tout mais plus il commençait à travailler pour elle, il s'attachait beaucoup à elle et notre relation se détériorait de plus en plus jusqu'au jour où il est venu me dire qu'il ne m'aimait plus, il a trouvait la femme de sa vie, une femme riche même si elle était plus âgée que lui, son argent le rendra heureux. Depuis ce jour, il ne m'adressa plus la parole, notre histoire a pris fin parce que je suis une fille pauvre sans argent.

-Mais tu es riche, ton cœur déborde de richesse inexploitée, ta bonté est plus cher que l'or, ta générosité a plus de valeur que le diamant, il peut posséder beaucoup d'argent mais il restera pauvre, son cœur restera toujours assoiffé de toi mais moi aujourd'hui je suis fier de t'avoir avec moi pour toujours, je suis riche, heureux et l'argent n'a pas de grande valeur pour nous, ensemble, nous en gagnerons beaucoup.

-Merci de me conforter, je ne savais pas que tu es si généreux comme ca, je suis chanceux, ensemble, ils regretteront de nous voir si heureux, ma vie va avoir une nouvelle orientation, merci encore !

Comme sa visite allait prendre fin dans les minutes qui suivent, ils se sont convenus d'améliorer leur relation jusqu'à un stade satisfaisant mais aussi leur part dans le mariage de Charlie, une occasion en or à ceux qui croiseront leur chemin pour une impression ultérieur.

Le mariage est prévu dans deux semaines, les préparatifs arrivent a sa fin et Gabriel aussi avait fait son mieux pour qu'il soit présentable mais aussi a la hauteur de cette cérémonie. La veille du mariage, Charlie avait pour la première fois après leur rupture appelé Gabriel pour le supplier d'être présent à son mariage et de lui demander pardon de tous les malheurs et chagrin qu'il a subi lors de leur séparation. En l'appelant, elle était convaincu que Gabriel était encore prisonnier de leur passé mais au contraire il avait surmonté ces durs moments grâce à sa petite sœur Anaïse.

-Je t'appelle aujourd'hui pour te demander pardon, de la tristesse que tu as endurée en apprenant que notre amour n'existe plus, je n'avais pas de choix même si j'avais pris la décision sans ton avis mais tu sais pourquoi et j'espère au moins que tu m'as pardonné, j'ai essayé de venir me réconcilier avec toi mais je craignais que notre rencontre puisse briser le cœur de ma petite sœur et celle de mon futur mari.

-Mais une simple rencontre de réconciliation ou de pardon n'était pas grave aux yeux de ta petite sœur ainsi que pour ton mari mais ne t'en fais pas, je veux bien et j'espère que tu as été pardonnée le jour même ou tu m'as tout annoncé.

-En réalité la vie est pleine de surprise, le soir de notre dernière rencontre, une tristesse et une angoisse m'ont emporté toute une semaine, je ne voulais pas te perdre, mon mariage n'avait plus de valeur à tes yeux, je voulais rester encore près de toi. Je me souviens toujours de notre dernière danse, de bons moments qu'on avaient passé ensemble même si je vais me marier demain, je n'ai pas eu la chance de profiter le soi disant amour parce qu'il a profité ma solitude pour en décider ainsi et voila le résultat.

-Mais si tu avais la chance de revenir en arrière alors pour quoi tu ne l'as pas fait d'y revenir avant ce moment délicat.

- La sœur raison est ma sœur, ma sœur Anaïse, j'ai préféré son bonheur à la mienne, j'avais pris la décision de laisser le relais à ma sœur en espérant qu'elle te rendra heureuse en vous rétablissant puis qu'elle aussi avait connue une déception.

-Ta sœur en est bien sortie, elle reste l'amie dont chaque personne rêve d'avoir comme compagnon dans sa vie. Pour toi aussi tu resteras aussi ma meilleure amie à jamais.

-Merci infiniment Gabriel, tu resteras toi aussi mon meilleur ami mais n'oublie jamais que je t'aime encore même si ça ne change rien. Je voudrai te supplier pour une dernière chose : « Tu viendras à mon mariage demain, accorde moi cette dernière faveur. »

-Une faveur comme celle la, je ne peux pas la refuser mais c'est aussi une obligation, je viendrai volontiers.

Leur conversation a pris fin en laissant chacun l'occasion de mieux se préparer même si leur séparation semble comme un mariage forcée de la part de Charlie qui aime toujours Gabriel et lui ne peut rien faire d'autre que la laisser tranquille dans les bras de son futur époux et se concentrer seulement à sa sœur qui se dévoue pour rendre son amour prospère.

Le jour du mariage arrive, Gabriel dans son costume noir avec une chemise bleu claire se présente dans la famille de Charlie pour prendre place à leur mariage, arrivé au portail avant d'entrer, Inès était présente avant même que Gabriel entre.

Dans une robe blanche, de courte taille mais adaptée à sa taille après une salutation chaleureuse, ils entrèrent à la maison main dans la main, une sourire éclatante dans un visage rempli d'estime de soi et de bonheur remarquable au niveau ses gros yeux, de sa voix magique qui lui confère une beauté extraordinaire dont son entourage admirait beaucoup.

Une magnifique décoration et un bel ornement des tables suivis d'un groupe de filles pour la danse traditionnel était présente pour animer ce mariage, une place d'honneur pour les membres de la famille dont Gabriel faisait parti. Charlie étant dans la maison en attendant que l'heure de sa sortie arrive, jeta un coup d'œil à travers la fenêtre pour s'assurer de la présence de Gabriel et comment il était heureux dans les bras de sa petite sœur Inès même si elle souhaiterait que ce fût elle qui soit à sa place.

Comme son frère n'était pas présent à son mariage, Charlie avait pris la décision secrètement à l'aide de sa mère que Gabriel et Inès seront les personne idéals qui l'accompagneront à sa sortie pour accorder sa main à son futur époux. Dix minutes avant sa sortie, un envoyé est venu pour les accompagner à la maison jusqu'au chambre ou se trouvait Charlie. Ils n'avaient aucune idée de ce qui se passe. En arrivant, Charlie les a souhaitait la bienvenue en disant :

-Comme mon frère n'était pas présent à mon mariage, la seule personne dont je me sentirai bien en accordant ma main à mon futur époux mais il y a une autre raison dont son ampleur est plus grande que la première. : « Je suis toujours attachée à vous deux de plus qu'au monde, en sortant étant dans vos bras de ses deux meilleurs amis, je serai en sécurité, toi Gabriel tu accordera ma main à mon futur époux en provoquant une rupture total de notre amour puisque tu ne peux pas réclamer ce que tu as donné volontiers aux yeux de toute la famille et moi j'essayerai de ne plus panser à une autre chance que nos chemins se croisèrent encore mais aussi je céderai à jamais la place dont j'occupais dans ton cœur pour que Inès prenne le relais. » Excuse-moi, il est temps de sortir.

Après cette courte discussion pleine d'émotions, il a fallu qu'on retouche leur maquillage pour effacer les traces de leurs pleurs et de redresser bien sa robe qui avait perdu sa statique en s'embrassant.

Deux minutes plus tard, Gabriel et Inès entre eux aussi dans la chambre, Charlie était habillée comme une princesse, ils sont sortis dans une dance traditionnel extraordinaire à voir se dirigeant vers la grande teinte dont sa famille avait pris place pour que le représentant de sa famille à côté de futur époux David qui était aussi présent en attendant que sa Charlie arrive. Le maitre de la cérémonie avait invité tous le monde de rester calmes pour ce bon moment solennel pour nos deux familles respectives. Le représentant de la famille de Charlie a repris la parole en disant :

-Voici le bon moment que vous attendiez vous tous, le moment ou notre famille va accorder la main de leur fille a votre fils David, le moment ou son concurrent à jamais cède à sa volonté pour t'accorder la main de son amoureuse Charlie même si il avait la possibilité de la conquérir de nouveau, sa bonté et sa fidélité ont contribué à ton bonheur aujourd'hui, puisqu'il sait la valeur de l'amour et en te confiant son amoureuse, il veut que toi aussi tu prennes le relais . Comme Gabriel reste encore fidèle à notre famille, il reste le plus chanceux de tous, il ne restera jamais seul, à côté de lui ,Inès, la petite sœur de Charlie , a pris le relais ,la place dont Charlie occupe dans le cœur de Gabriel ,est définitivement reprise par elle, ils sont heureux, c'est à toi David de conquérir de plus le cœur de Charlie puisque le départ de Gabriel a laissé un grand vide ,à toi de jouer.

Une heure plus tard, après un dîner de tous les invités, la cérémonie dans la famille de Charlie a pris fin suivi d'un mariage à l'église Ste famille et un vin d'honneur a été servi au Centre St Paul, cette journée reste formidable.

Dix jours plus tard après le mariage de Charlie, Gabriel a rendu visite à Anaïse, une surprise qu'elle a considérée comme une officialisation de leur vie amoureuse. D'après tant de gestes et bonnes paroles, sa gentillesse et son sens d'écoute, il ne resta que Gabriel lui disait qu'il l'aimait, au mariage de sa sœur, une occasion s'est présentée mais à la dernière minute, Gabriel a quitté le lieu pour déplacer sa famille qui était avec lui et leur discussion était suspendu.

Ce matin, Inès était levée tôt pour balayer l'enclos, il y avait tant de papiers d'herbes tombées dans la cours, avec un lato, elle essaya d'amasser un si grand nombre, comme le portail était entre ouverte, Gabriel est entré sans hésiter, il s'est approché à Inès par derrière. Sa mère avait aperçu Gabriel en entrant mais elle attendait le bon moment pour que sa fille, elle-même, découvre son amoureux.

-Tu peux m'apporter ce panier ma fille chérie, dit sa mère, je veux y mettre ces herbes aussi. En retournant prendre le panier, elle se jeta directement dans les bras de Gabriel et sa mère criait à haute voix

-Tu vois ma fille, je suis vieille mais aussi prudente avec un sens d'observation, en te concentrant sur ton travail, tu as ignoré tout ton entourage et quand Gabriel est entré, tu n'as rien remarqué mais courage ma fille.

Cette surprise a contrarié Inès, qui était heureuse de le voir encore mais la façon dont il a resté silencieux près d'elle muet et sans geste, lui a rendu furieuse.

-Je suis furieuse contre toi Gabriel, tu es venu et passé tout ce temps derrière moi sans me dire bonjour ,est ce que ton cœur n'avait pas l'envie d'écouter ma voix ou de me regarder tout droit dans les yeux, tu veux me faire pleurer ce matin mon amour, tu ne sais pas combien tu me manques ,une minute passée sans toi et comme une année mais au contraire je suis heureuse de te voir encore ,ta volonté de venir me rendre visite ,est l'unique preuve que tu tiennes toujours à notre amour.

Sa mère était partie vers l'intérieur de la maison, une occasion de préparer leur petit déjeuner puis qu'elles avaient négligé de le prendre à cause de ces travaux de propretés mais une telle occasion la précipite à le faire. Dix minutes plus tard, le petit déjeuner était prêt, Inès devrait inviter Gabriel à table ensemble avec sa mère qui était contente de ce moment de partage avec celui-ci sachant que c'était leur première rencontre qu'elle espérait avoir une conversation approfondie avec Gabriel même s'elle avait pris connaissance de sa famille, elle voulait le faire aussi avec lui. Une heure et demie de partage, de connaissance mutuelle est l'une des temps précieux que Inès a apprécié pour une famille soudée et qui est prête à accueillir Gabriel comme le leur.

Comme sa mère avait prévu d'aller rendre visite leur tante maternelle malade en compagnie avec leur veille voisine Margueritte qui était déjà arrivée et elles sont parties. Inès est allée dans sa chambre et elle a apporté un grand album de photos dont celle du mariage de Charlie. Ils ont commencé par ceux de leur enfance, elles étaient tout le temps ensemble dans leur enfance et même plus que des jumelles allant jusqu'au mariage. Une photo de Gabriel et Inès ensemble débute celles de cet événement, une photo avec tant de significations et d'interprétations différentes à tous ceux qui obtiennent une occasion de la voir. En voyant cette photo, Gabriel a pris un période de silence voyant qu'il méditait ou emportait loin dans ses pansées et c'était aussi le cas pour Inès qui prenne souvent dix à quinze minutes chaque jour pour la regarder aussi et ce jour, ils étaient ensemble pour le faire de même. Après ce silence absolu, Gabriel avec plein d'émotions en disant

-En voyant cette photo, cette photo de nous deux, une photo dont je ne peux regarder que toute la journée sans solitude puisque qu'elle me rappelle ta présence au fond de mon cœur toujours. Tu as une beauté extraordinaire, en la voyant, elle m'emporte dans mes pansées comme dans une rêve au jour de notre mariage et même plus loin, aux visages des enfants que nous mettront au monde avec toi.

-Mais il ya une chose dont je ne comprends pas jusqu'à maintenant, pourquoi tu arrives même dans des rêves lointain pour une personne dont tu n'aimes pas ?

-Une personne dont je n'aime pas mais tu mens, tu sais que je t'aime, toi seule et c'est la raison pour laquelle je suis ici.

-Une des raisons mais j'ai l'envie de l'attendre avec ta voix, ayez le courage de le faire même si je le sais, ce n'est pas encore trop tard

-Il n'est pas trop tard de te dire que je t'aime, je t'aime Inès, de tout mon cœur, je ne peux pas avoir de mots suffisants pour que tu comprennes à quelle dégrée l'amour que je ressens pour toi est si fort que personne ne peut en douter.

-Merci de me dire que tu m'aimes, c'est le moindre des choses venant de toi que je voudrai entendre aujourd'hui, moi aussi je t'aime de tout mon cœur et tu ne seras jamais déçu à cause de moi.

Gabriel avait prévu de livrer un cadeau à Inès avant de rentrer chez lui, une chainette en or que Charlie lui a donné en guise remerciement afin qu'il l'offrira à celle qu'il aimera à sa place et c'était le retour de sa petite sœur Inès. Même si Gabriel reste souvent timide, ce jour la, a impressionné Inès en disant

-Je crois que je suis encore dans les normes pour te montrer à quel point tu es si important dans ma vie mais avant je souhaite que tu fermes les yeux quelques instants.

Gabriel est passé derrière elle en mettant cette chainette autour de son coup et ça brille dans sa poitrine. Il a avait aussi apporté un gros miroir devant elle et en la demandant d'ouvrir les yeux, une surprise belle chainette embellie sa poitrine et s'exclame

-Merci beaucoup mon amour, ta franchise est si franche que personne ne peux en douter, toujours je reçois de surprise en surprise non pas pour me faire du mal mais au contraire tu ravives notre amour, c'est comme une rivière qui passe au milieu du jardin de fleurs et fruitiers ,aucunes plantes n'en soufflent puis que ce fleure arrose selon le besoin de chaque plantes et fleurissent dans l'été que dans l'hiver ,leurs fruits restent mûres et disponible tous les saisons et ainsi de même pour moi .Merci encore ,je t'aime !

-Et moi, je suis ravi de t'avoir comme mon intime amoureuse, en perdant ta grande sœur Charlie, j'ai pensé que j'étais totalement perdu mais au contraire en perdant ma mine d'or, je me suis retrouvé dans une autre mine de diamant dix fois plus grande que la première en valeur mais le plus important est l'amour dont tu es témoin et dont tu en resteras toujours. Cette chainette en or je ne l'accorde aucune valeur monétaire à mes yeux mais moralement, elle est très significative car elle restera notre alliance à nous les trois à jamais. Je t'aime !

Ils restèrent dans leur ambiance amoureuse une heure de plus avant que Gabriel reprenne son chemin de retour et leur amour dure encore quelques mois avant qu'une épreuve tragique s'impose entre eux.

Huit mois plus tard, la maman d'Inès tombe gravement malade, une souffrance énorme et d'une incapacité motrice des membres inférieures suivi d'une tétraplégie, des difficultés respiratoires avec une nécessité absolue d'une assistance respiratoire mais la maladie l'a emportée au bout de quelques jours. Malgré ces empêchements, Gabriel était présent durant ces dures épreuves et même après l'enterrement en essayant de la conforter puis il est rentré.

Étant donné qu'Inès vivait seule avec sa maman et aujourd'hui orpheline de père et de mère elle ne pouvait pas y rester seule, la famille a décidé qu'elle devrait partir avec son frère Marc qui vivait dans les pays scandinaves. Les conditions de vie des fois obligent, le travail de son frère a mis une pression sur eux, elle n'avait pas de choix que de partir ce soir sans laisser de trace seulement une lettre d'adieu mais celle là n'arrivera jamais à sa destination sauf des rumeurs de cette lettre. Un seul espoir de reconnaitre ses nouvelles était basée sur sa grande sœur Charlie mais au moment où il alla la rendre visite, une téléphone sonne et c'était Charlie appelant à partir de l'aéroport pour l'informer qu'elle parte avec sa famille pour la Nouvelle Zélande pour une durée indéterminée mais dès leur arrivée, il sera informé de tout et elle a décroché.

Epuisé mais courageux, Gabriel continue à aller de l'avant avec l'espoir d'une retrouvaille un jour avec ses meilleurs amis dont leurs souvenirs inoubliables restent gravées dans sa mémoire.

La fratérnité familiale

Une famille bien soudée est l'unique source de joie en cas d'une céremoie ou dans une autre épreuve qui réunisse les membres de cette famille autour de leurs parents. La famille dont Gabriel a eu naissance compte quatre garçons dont Isaac l'ainé de la famille, Charles, Antony et Gabriel et cinq filles Michelle, Ange, Josiane, Isabelle et la cadette Annette.

A l'occasion du mariage de son grand frère Isaac, c'était une belle occasion de manifester à sa famille qu'il peut prendre de responsabilités, jouer un rôle primordiale même s'il est le plus jeune parmi les garçons.

Avec sa taille, être le garçon d'honneur de son grand frère ne figurait pas sur la liste de ses préoccupations mais au contraire il était le mieux placer mais à la dernière minutes alors qu'il était au rang avec les autres garçons d'honneur, une surprise unattendue survienne, le Maître de cérémonie tombe malade subitement et sans hésiter Gabriel prend le relais comme si c'était son habitude ou son métier.

Devant une assemblée si énorme, des invités et membres de la famille élargie que restreint,jeune que personne ne pouvait oser,d'une façon ou d'une autre, solliciter son intervention mais quand une réunion urgente pour chercher son remplaçant ,c'est à ce moment que Gabriel est apparue dans un tenu digne d'être un 'Maître de cérémonie'. Comme s'il était imformé du tâche qui l'attend, Gabriel a manifesté du professionalisme dès son premier pas sur la piste jusqu'à la fin de la céremonie,son sang froid,la maitrise de la situation et son intervention au cas opportun ,fait de lui l'homme du jour et revelle en pleine jour,son tarrent caché assez longtemps et tant de suggestion survienne après pour qu'il intervienne aussi que possible dans différents céremonies.

Ce jour là, on était dans une céremonie de mariage d'Isaac, son grand frère, qui se marie avec Sylvie, le mariage religieuse a eu lieu au Cathédrale Saint Michel alors que la reception est dans le jardin du Centre Saint Paul. Pendant cette messe présidée par le Père Raphaël, son omelie a été basé sur l'amour qui doit dominer et regner entre les couples, l'homme et la femme doit être le résultat de cet amour qui se manifestera à tous vos amis et connaissances qui vous rendront visite ainsi qu'à vos voisins, collegues de travail et chaque personne qui croisera votre chemin. Votre temoignage de l'amour du Christ qui règne dans vos cœurs et se manifestera à la vue de la famille pourvue qu'il soit la lumière pour les autres familles en detresse dont votre mission débute dès aujourd'hui.

Une messe bien animée et d'action de grâce premièrement aux couples mariés que toute la famille qui unisse leur prière pour tant de cadeaux réçus par l'intercession de la Vierge Marie. Après cette messe, un petit moment de salutation et de félicitations ainsi que la prise des photos de souvenirs était aussi primordiale à l'hôtel Milles colline. Cette séance des photos dure une quarantaine de minutes avant que tout l'assemblée prenne la route vers le jardin au Centre Saint Pail là où se deroulera la réception.

Tant de surprise étaient bien mise au point par Gabriel et leur petite sœur cadette Annette qui a son tour va animer l'assemblee en interprettant certaines chansons mais aussi en chantant ses propres chants dont personnes n'était au courant sauf Gabriel qui continuera lui aussi son rôle de Maître de cérémonie .Gabriel et sa petite sœur cadette sont plus proche que les autres de leur famille de sorte qu'une fois ensemble dans une cérémonie en plus les siennes, une feu d'artifice va être allumée.

Après avoir pris place autour des tables remplis des boissons alcoolisés et non alcoolisés éparpillées jusqu'au fond dans ce jardin embellie d'une décoration extroadinnaire d'une mélange des couleurs, rose, vert paume, blanche et des lampes multicolores ainsi que des projecteurs qui illuminent ce jardin qui, à son tour acquiert sa beauté extraordinnaire digne d'acceuillir ces nouveaux mariés. Tous membres de deux familles respectives ainsi que les invités qui commencent à animer et chanter avant que les invités d'honneur de ce jour réapparaissent.

Des acclamations retentissent dès la vue arriver les nouveaux mariés sur le tapis rouge avant de faire une ouverture officielle de cette fête digne de son nom. Des nombreux photographes et des cameramans participe à cet évenement pour que aucune épisode n'échappe à leur vue et ce MC (Maître de cérémonie) Gabriel joue son rôle de façon à ce que les personnes qui sont assis loin assistent comme ceux de près. Une champagne a été servie avant que les jeunes mariés regagnent leur place tout au long de ce chemin au tapis rouge avec un cortège des jeunes filles et garçons qui rendent leur journée impéccable.

Une voix qui leur semble familière dans une chanson qu'ils ont choisie à leur entrée sur piste mais leur curiosité n'aboutisse pas à leur fin puisqu'au lieu de monter sur place d'honneur, il devrait souffler sur leur énorme gâteau portant leur photo de mariage. En le coupant et en partageant entre eux et de monter enfin dans leurs places respectives. Au moment ou les membres du service passent dans tout les coins pour les servir des boissons, la bande du jour fait sortir une chanson. C'était une chanson nouvelle que personne ne connaisse, une réalisation de Gabriel et Annette. Une mélodie sans suite, une belle chanson d'amour de tout les temps et extraodinnaire dans le mariage. Des bons voix familiers aux membres de la famille mais nouveaux dans l'industrie musicale mais qui n'empeche pas de conquerir les cœurs de l'assemblée surtout les jeunes interessées beaucoup par leur style mais aussi leur message qui emporte ceux qui sont mur en âge. Comme ils étaient tous interessés, des gestes de félicitations sur la piste étaient énormes puisque toutes les activités avaient cessées et des grandes acclamations surviennent à la fin de cette belle chanson. Parmis les invités, y figure un autre chanteur populaire et par cette surprise, comme tous les membres de la famille, leurs émotions étaient grandes, des larmes de joies apparaissent partout.

Quand Gabriel réapparaisse sur piste comme MC, des appraudissement et des voiex qui chuchottent Gaby, Gaby, Gaby…tu es l'unique !!!! Comme un homme qui doit gérer ces émotions, il a été malin et en maitrisant cette situation sans aucune interférence à cette cérémonie, il a montré sa maturité et chaque personne l'a vue selon deux aspects : Maître de céremonie et Chanteur.

Toutes les étapes requis ont été passé et avant la remise des cadeaux, les jeunes mariés, Isaac et Sylvie, devraient distribuer du gâteau, chacun à sa belle famille et se retrouvait vers la fin à leurs places d'honneurs pour recevoir des cadeaux.

Ce temps de remise des cadeaux a pris une grande ampleur après une liste qu'on a établie et publié publiquement pour connaitre l'enchainement de cette action. Les parents, ceux d'Isaac ont commencé, qui leur ont remis une Bible et une vache qui leur donnera du lait, des parents de Sylvie, eux aussi, une livre de prière quotidienne ainsi que une cuisine complet. Des autres membres de la famille ainsi que les proches pour afin clôturer avec Gabriel et Annette. Tenant un micron dans sa main, il a dit « Nous avons aujourd'hui un cadeau exceptionnel mais aussi de votre part, l'argent qu'on a receuilli dans vos félicitations, une part contribuera à ameliorer ces chansons que vous avez adoré et une autre part servira à aider cette famille qui vient de naitre aujourd'hui et une autre chanson qui sera dedié à vous tous. »

Ils ont chanté une autre chanson, plus romantique que leur première mais aussi plus rapide que chacun selon l'âge se sente en l'aise et avec l'assemblée, ils ont dansé, dansait et danser, des cameramans eux aussi ont profité cette occasion pour être reconnu à la fin pour des bonnes clips prise.

A la fin du mariage, au moment ou toute la famille se réunisse pour évaluer le bon déroulement de leur fête. Le grand moment était de féliciter Gabriel premièrement pour le role de Maitre de céremonie qu'il a assuré avec professionalisme mais aussi avec sa sœur Annette, qui ensemble, ont contribué à embellir l'image de la famille et animer l'assemblée présente et notre famille ne cedera pas à vous encourager et à vous aider tant que possible.

Très tôt le matin, les informations sur les journaux du net et dans certains magazines sur ceux nouveaux chanteurs inconnus et quelques extraits des clips dans le mariage de leur frère Isaac étaient à la première page sur l'internet mais au contraire ce dernier n'aime pas les effets médiatiques et il n'était pa prêt pour se lancer dans la musique.

Un mois plus tard, sa famille a rendu visite au nouveau marié qui venait de passer persque leur mois de miel dans les iles de Caraibes ,dans les montagnes du Kilimanjaro et dans les grands collines des pays des milles collines ainsi que dans ses belle parcs comme Akagera Parc,Nyungwe et Birunga a l'aide de l'argent collecté par Gabriel et Annette dans leur musique au jour de leur mariage.

Par cette visite qui est aussi une occasion de la part des jeunes mariés de remercier tous les personnes d'une façon ou d'une autre ont contribué au bon déroulement de leur mariage mais aussi sa famille voulait se rendre compte que la nouvelle famille va bien. C'était une belle occasion pour les paparazis qui étaient présente faute de l'un des membres de la famille qui a divulgué cette information à l'un de ses amis journalistes qui avait depuis le mariage d'Isaac et Sylvie voulu rencontrer Gabriel et sa sœur Annette mais sans aucune chance d'y arriver.

Cette après midi, avec quelques voitures puis que le nombre des invités étaient restreint, Gabriel qui conduise une des voitures déguisé en distributeur de nourriture aille au parking et entre dans la maison par la porte de derrière.

Alors que ces paparazis lui attendirent au portail et pourtant Gabriel a été le premier parmi les autres invités à être acceuilli et prendre une place et afin les autres membres de la famille reviennent après. Surpris de le voir dedans entrain de prendre une bière alos que un groupe de photographes l'attendirent déhors en éspèrent qu'il n'est pas encore arrivé.

Heuresement que Gabriel a un caractère comme son qualificatif de tottem en Scout « Impassible » vers la fin ,il est sorti et en quelques mots seulement il a dit « La musique m'interesse beaucoup mais avant tout mes études comptent,c'est là où mon cœur se base de tout mon âme,à la fin,vous aurez l'occasion d'en discuter plus,merci »

La fête a continué et le projet de jeunes musiciens se ferment ainsi mais avec tant d'occasion, son animation reste primordiale et son talent reste visible malgré son ignorence.

D'une distance à une perte tragique

Lord des grandes vacances, une merveilleuse découverte d'une fille dans leur cartier, une nouvelle venue dont Gabriel se souviens de son visage lorsqu'elle rendait visite à son père, qui était responsable de ce secteur alors que sa famille vivait dans l'autre coin du secteur voisin, d'une douzaine de kilomètres loin de chez lui. Ce soir là, lors de sa promenade dans le cartier, un petit garçon de six ans, Jean Paul, il lui a vu lors de son passage et il est venu en courant vers lui, ils se connaissent depuis longtemps puisqu'il passait des soirées chez soi lorsque son père était absent ou a retardé de rentrer. Ce garçon voulait qu'il aille saluer sa famille qui vient de déménager dans leur quartier. Cette promenade se transforme en une visite de courtoisie à l' égard de cette famille nouvellement arrivée pour plus de connaissance. En y arrivant, cette mère de famille était assise dans le jardin, il la connaissait aussi au paravent, derrière elle, Juliette, la grande sœur de Jean Paul, elle aussi, était familière à sa vue mais ils se croisèrent rarement.

On lui a conduit dans le salon pour une conversation sans égale, des humours et il ne savait pas que Juliette était une grande animatrice dont il n'a jamais vu et toute sa famille aimait son charme. Un thé délicieux est servie par sa petite sœur Sophie, quelques minutes plus tard, sa mère est partie au centre commerciale pour faire quelques courses et ils sont restés seuls mais c'était comme si dans cette maison s'y trouvait une dizaine de personnes compte tenu de l'ambiance qui y régnait malheureusement la nuit tombant même si c'était dans quelques mètres de chez parents, il devra rentrer tôt pour ne pas inquiéter sa famille qui n'était pas informée de ses déplacements.

Juliette lui a remercié de sa visite, elle ne savait pas qu'il était dans le coin et voulait de lui comme compagnon étant donné qu'elle était nouvelle sans connaissance apparente du quartier et le seul espoir était Gabriel et celui-ci ne pouvait hésiter à accepter cette suggestion en or.

Ils ne savaient pas que l'un attire l'autre mais leur attirance incontestable apparaisse logique et aucune autre personne ne mettra en doute leur décision vu leurs points communs qui favorise leur amitié.

Le lendemain matin, il devrait apporter quelques graines de semences dans les champs ainsi certaines matériels dont ils ont besoin. En y allant, leurs chemins se croisent de nouveau, Juliette accompagnait sa mère qui se rende en ville et comme ils étaient tous pressés, leur nouveau rendez vous aura lié ce soir et se séparent pour le moment. Le travail au champ est dur et fatiguant, ça devenait plus encore effrayant pendant l'été avec un climat chaud et ensoleillé d'avantage ,la résistance reste minime mais le plus important est résultat obtenu à la fin de la saison et des récoltes obtenues les encouragent à le faire le plus souvent sachant que le travail bien fait anoblie l'homme .

A son rentré dans l'après midi, le repas était prêt avec une fatigue excessive il lui a fallu qu'il prenne une douche pour se rafraîchir avant qu'il aille à table ou toute sa famille lui attendait pour ce moment de partage dont ils respectent tous car elle représente une valeur morale qui se transmet de génération en génération et les profits de ce coutume sont énormes. Après ce dîner, une petite sieste était nécessaire pour le bon déroulement du programme à venir et de plus se son rendez-vous de cette après midi avec sa petite amie Juliette mais aussi une occasion primordiale dans de renforcer leur amitié.

A l'heure précise de leur rendez, ils étaient tous présents à leur point de rencontre comme prévu, Gabriel avait l'obligation de l'aider à se familiariser de son entourage d'où la connaissance des endroits ou se situe les écoles,' église, l'hôpital mais aussi une source en eau potable qui irriguait leur village. De pas à pas, leur voyage été marquée par un sentiment d'attirance mutuel mais comme Gabriel était assez timide et Juliette ne voulait pas l'influencer dès le début de leur rencontre de ne pas avoir une mauvaise impressionnant d'elle, elle resta calme un bon moment avant que leurs regards se croisèrent et une sourire éclatante digne de sa provenance resta fixer à ses yeux et un sentiment de bonheur apparaisse dans son visage. Les bons moments ne durent pas, la nuit tombe et ils devraient se dépêcher de rentrer avant que l'obscurité entrave leur marche et dans cette zone pleine d'arbres et quelques fleurissons, même si les animaux sauvages n'existent plus mais quelques lièvres et antilopes peuvent les faire peur. Etant donné que sa mère était au courant de son rendez vous avec Juliette, elle avait prévu qu'à leur retour, ils passeront à la maison pour qu'elle rentre avec une dizaine de litres de lait ainsi que des oranges que la mère de Gabriel avait préparées pour eux.

Dans leur chemin de retour, Gabriel a informé Juliette que sa mère avait un message pour elle dont il ignorait de quoi il s'agissait. Elle a essayé de l'ignorer en disant qu'elle viendra le lendemain matin, qu'il était trop tard mais Gabriel a insisté sous une promesse de l'accompagner jusqu'à la maison. .En arrivant, tout était en ordre, il suffisait seulement que la mère de Gabriel les mettent à leur disposition afin que Gabriel la soutienne au cours leur route sans tarder. C'était une promenade dont chacun rêvait pour se détendre. Des mots de remerciements ne suffisent pas pour faire comprendre la valeur dont une personne mérite pour son dévouement et son courage.

-Ce n'était pas un simple remerciement mais un geste qui a ses racines au fond du cœur dont je suis le seul témoin

- Merci encore du temps que tu as consacré à mon égard sans toi je ne connaitrai aucun de tous ces endroits magnifique, tu es plus qu'un compagnon et je souhaite que notre relation dure assez longtemps que possible. Je veux que tu remercies votre mère de ma part, son aide à une valeur primordiale pour notre famille ainsi que notre déménagement ici sans elle, il n'aura pas eu lieu.

Sa famille était tellement contente, mais le temps est jaloux, il faut qu'il se dépêche de rentrer, elle aussi, lui a accompagné un peu et ils se disent au revoir, à bientôt !

Le lendemain matin, il a été improvisé d'aller rendre visite à son oncle paternelle dans la capital à l'occasion du mariage de son fils Guillaume et il devrait y passer trois jours ou plus. Avant de partir, il devra informer Juliette de son absence mais en y arrivant chez elle, personne n'était présente il a pris son chemin de retour pour prendre ses bagages et partir en espérant les croiser au cours de route.

Il prévoyait d'y passer trois jours seulement mais une visite obligatoire chez un dentiste était nécessaire avant qu'il rentre ce qui a augmenté d'une semaine à son temps prévu pour son retour à la maison. Durant son absence, Juliette n'a cessé de passer chez les parents de Gabriel presque tous les jours en espérant qu'il était de retour mais en vain et le dernier jour de sa venue, elle était tourmentée et son absence la faisait souffrir beaucoup. Ce jour là, elle est partie triste en se demandant pourquoi Gabriel part sans la prévenir même avec un petit mot, heureusement que sa petite sœur Annette était présente pour l'a consolée avec une promesse que il sera à la maison ce soir.

Quand Gabriel arrive à la maison, il a été surpris que sa sœur, avant de lui raconter des nouvelles de son absence, elle lui demande pourquoi il est parti sans prévenir Juliette même avec un petit mot avec une insistance en se basant sur tant de fois qu'elle est passée à la maison à sa recherche et qu'il n'y avait aucune solution que de se précipiter chez elle afin d'apaiser sa tristesse sans tenir compte de son fatigue.

Une trentaine de minutes était nécessaire après ce long voyage pour se préparer afin qu'il se rende chez la famille de Juliette. En y arrivant, la porte était ouverte, la petite sœur de Juliette, Nadia, lui a souhaité le bienvenu et elle s'est précipitée pour prévenir Juliette. Assis seul dans le salon, tenant un journal dans ses mains et devant un téléviseur allumé avec son émission préféré, télé détente, elle sans tarder la voila arrivée heureuse et souriante envahie de bonheur à l'occasion de l'arrivé de son amoureux dont son absence a entravé son bien-être journalier. Sans hésiter, elle a commencé à l'expliquer comment elle était fâchée contre lui

-Tu sais combien tu m'as manqué durant cette semaine, tu pars sans prévenir même un petit mot suffira pour me rendre heureuse mais tu es parti sans se soucier de la façon dont j'accepterai ton absence. Tu sais, presque tous les jours, je passe te voir en espérant te rencontrer mais tu n'y étais plus là, ne me fais plus ça je t'en plie, j'étais sur le point d'avaler mon bulletin de naissance, j'étais triste et angoissée à ton absence.

-Tout d'abord, je m'excuse de partir sans te prévenir même si je suis passé ici et vous n'y étiez pas, en patientant quelques minutes avec une espérance que vous étaient loin mais dix minutes plus tard je me suis rendu compte que c'était trop tard et si je persiste à vous attendre je risquerai de perdre mon ticket de voyage. Il ne reste que de rentrer à la maison pour prendre mon bagage et y aller.

-Nous avons accompagné ma mère à l'hôpital pour rendre visite à notre cousin mais vraiment je m'excuse pour notre absence.

-Durant mon absence, tu m'as manqué, jour et nuit je ne pansais qu'à toi, même en m'en dormant, ton image restait dans ses rêves, je ne sais pas si je peux rester en vie à une moindre séparation puisque je t'aime à mourir.

-D'une voix calme et triste ,Juliette a répliquée, 'je ne veux plus l'entendre dans ma vie, je ne sais pas si c'est une bonne ou une mauvaise idée de te le dire, tu es le seul homme de ma vie dont ton absence me rend triste même si c'est difficile à réaliser, je veux être à côté de toi toujours les jours restant de ma vie ,nous sommes encore jeune mais petit à petit notre amour grandira et donnera ses fruits, je suis prête à t' attendre tout le temps qu'il te faudra parce que je t'aime ,oui je t'aime de tout mon codeur.

-Moi aussi je t'aime et je suis fier de toi, avec toi, rien ne nous séparera à jamais je te le promets.

Leurs conversations continuèrent une vingtaine de minutes avant de rentrer. La morale est revenue, sa gentillesse et sa bonté étaient visible à l'œil nue et sa famille était reconnaissante.

De jours en jours et chaque soir, la présence de l'un à côté de l'autre était inévitable et devienne une habitude, quelques activités en communs, la compréhension mutuelle, même si son apparence la présentait comme jeune en âge mais au contraire mature et intelligente. Son sens de responsabilité était une qualité depuis ses bas âges, sa mère en était fière.

La fin des vacances arrive, leur séparation physique qui est inévitable approche, une angoisse s'installe mais on savait que loin des yeux n'est pas loin du cœur, l'amour continuera à exister.

Deux jours avant leur départ, un rendez vous dans un jardin, là ou ils étaient lors de leur première promenade, assis ensemble sur une des pierres au milieu des roses, un parfum dégagée par une multitude de fleurs envahissent ce milieu, partageant de jus d'ananas qu'elle avait préparée et des beignets dont Gabriel avait fabriqué, une ambiance, des souvenirs sans fin.

A la fin, de leur promenade et leur adieu, la nuit tomba, c'était leur dernière soirée romantique qui a pris fin avec un baiser prolongé et même la première de sa vie dont elle fait partie de son souvenir les plus extraordinaires.

Les études recommencèrent dans des différentes provinces sans moyens de communication sauf téléphone public et des lettres par voie postale.

Pendant cette période, Juliette est tombée malade d'une maladie grave qui l'a emportée au bout de quatre jours seulement, elle est morte sans que Gabriel le sache et ce ne qu'à son retour à la maison qu'on lui a annoncé sa mort, on avait prévu de lui informer bien avant mais sa mort pourra le déstabiliser sans personne à côté de lui le consoler. Il a pris des heures et des heures pour pleurer, sa mort était une tragédie dans sa vie, sa perte a laissée un vide sans égard.

Après avoir repris la force et courage pour aller rendre visite sa famille restant, une autre mauvaise nouvelle arrive en lui annonçant que sa famille a déménagé, il y avait deux jours, seulement il s'est contenté de se souvenir en allant là ou leurs pas ont passées, de leurs sourires, du temps passé ensemble, leurs activités partagés ensemble et de leur dernier baiser. Son visage reste toujours graver dans sa mémoire.

De la compassion à l'amour

Dans la vie rien ne vienne par hasard, toujours il y a un motif qui fait un rapprochement entre deux personnes ou plusieurs et c'est encore plus lorsqu'il s'agit de sexe différentes.

Sa déception a renforcé le soif d'avancer de plus dans les études et en essayant de minimiser la vie sentimentale mais des fois « l'homme propose et Dieu dispose » et ce qu'il ignorait de plus deviennent de plus en plus la réalité.

Dans ses études, il était si brillant de façon à ce qu'il réservait de temps à aider les autres. Dans cette lubrique, il en a rencontré deux filles, Rose était une belle fille élancée, géante de long cheveux et de gros yeux, elle était ancienne de plus que Gabriel mais faible en Mathématique et tous les cours équivalents de peur qu'elle ne pouvait pas avancer sans réussir ces cours, et comme Gabriel connaissait ce défit, il avait une compassion pour elle envie de l'aider à avancer de classe et cela lui rendait faible dans sa vie sentimentale.

L'autre fille était Chloé, la nouvelle venue, parlant peu, toujours triste et se tenant toujours à l' écart des autres. Gabriel n'a pas supporté sa solitude, il a essayé de l'approcher pour mieux connaitre ce qui ne va pas chez elle et cela lui a permis de découvrir que sa tristesse, angoisse, timidité, solitude et autres problèmes associées à des raisons socio-économiques la mettant dans une position de faiblesse mais elle avait la volonté pour affronter sa situation, une des motifs de s'intéresser plus souvent à elle.

Ensemble ils ont fourni beaucoup d'effort et à la fin de tous les épreuves, une réussite éclatante puisqu'ils ont obtenu des distinctions dans tous les épreuves une raison d'être heureux, son objectif a été atteint. Après cette réussite, Rose est partie ailleurs laissant Chloé comme la seule fille dans l'équipe mais avec une amélioration remarquable de son état émotionnel ce qui a permis à elle une meilleure intégration dans cette nouvelle communauté.

Comme la fin de leur étude approche, il a fallu fournir beaucoup d'effort ensemble pour une bonne réussite mais cela rendait Gabriel vulnérable, il ne voulait pas admettre qu'une fille devienne son ami ou tombe amoureux de lui. Il ne voulait pas être pris dans les mêmes histoires similaires que les précédentes. Etant que Chloé soit toujours à côté de lui, il voyait que la fin de sa décision approche mais avec une volonté de ne plus laisser à personne une chance faute de sa faiblesse.

Un jour, sa petite sœur Naomi a été hospitalisée tout près de chez lui et pendant le weekend, elle est venu la rendre visite, elle devait y passer deux jour. Avant d'arriver à l'hôpital, elle est passée rendre visite Gabriel pour lui annoncer son séjour et puis continue son trajet vers l'hôpital.

Pendant la soirée, Gabriel a rendu visite à sa sœur Naomi pour voir comment elle va mais aussi tenir compagnon Chloé puisque il pansait que c'était son devoir. En arrivant vers 18h30, il a été surpris de la façon dont Chloé lui a accueilli et elle a fait appel à leur rencontre en disant :

- Tu te souviens le jour ou tu as commencé à m'intégrer dans le groupe, ton effort pour que je puisse réussir, ton temps que tu as consacré à moi en m'écoutant, tu m'as rendu la vie que j'avais perdu, j'étais sur le point de se suicider et menant je sens le goût de la vie et je te remercie.

-Et moi ça me rend heureux de l'entendre et merci pour ton appréciation.

- La partie n'a pas encore fini, j'ai tant de chose à te dire

- Comme quoi encore, je t'écoute

-Dans la vie, on tient sur des personnes à qui on attend de récompenses en retour mais toi tu tiens toujours à moi alors que je n'en ai rien. Merci pour tous.

Il ne savait pas quoi a dire encore mais il dit encore merci

- Je t'en supplie de m'accorder encore une seule faveur et dis moi si tu acceptes même si tu ne sais pas encore de quoi il s'agit, je t'en prie

La voyant entrain de lui supplier et il lui a répondu qu'il accepte

-En un seul mot, aujourd'hui je voudrai t'annoncer que je t'aime, je ne peux plus le cacher, mon cœur m'a trahit en essayant de te le cacher mais il arrive le temps de mensonges est terminé, il ne reste rien que la vérité.

Etonné et mais aussi soulagé d'être aime par Chloé, il n'avait pas de choix que d'accepter son amour et lui aussi avait des sentiments pour elle mais il ne voulait pas l'avouer pour ne pas être vaincu.

Un baiser prolongé était nécessaire malgré qu'ils se trouvent à l'hôpital.

C'était le premier jour qu'il voyait Chloé si gentille et heureuse et sa petite sœur Naomi lui a demande :

« Mais que ce tu as fais à ma sœur, elle si heureuse et elle aussi était ravie de la voir aujourd'hui comme ça.

Chloé avait tout entendit et elle a répliqué en disant

« Il a fait tout pour moi, il a sacrifie son bonheur, je lui dois tout. Ne ce pas mon amour ? » Et ça termine par un baiser.

Apres quelques minutes, Gabriel s'est rendu compte qu'il était en retard de rentrer puis que il était 21H25 .Il s'est levé et dis au revoir à Naomi et Chloé lui a accompagnée jusqu'à la sortie. En tenant ses mains dans les siennes, elle lui a dit :

-Aujourd'hui, j'ai atteint mon objectif de te dire que je t'aime et merci de m'accepter telle que je suis. Au revoir à demain.

Gabriel lui a répondit aussi « A demain mon amour, bisous. ».

En quittant l'hôpital, il était comme une personne en rêve en pensant tout ce qui vienne de passer dans sa vie. Tout au long de cette route de petite lumière et pleine d'obscurité seule mais endormis dans ses pansées en se demandant si son bonheur allait continuer puis que selon l'expérience de ses précédentes vie amoureuse tous ont été terminées en une déception suivit d'un traumatisme émotionnelle que psychologique.

Arrivant à la maison un peu si tard que d'habitude, il a remarqué que ma mère était encore assise dans le salon en attendant sa venue

« Sa mère était une femme simple, elle n'a pas fréquenté les plus grandes écoles, elle n'avait pas de vêtement de marque, ou énormément d'argent. Mais quand il panse à elle, il panse à toutes ces richesses qu'elle lui a donnée... et combien elle a été importante pour lui. Et surtout il panse qu'elle lui a donné la chose la plus importante qu'elle avait.....**SON CŒUR**. »

Et elle lui a dit : « Viens ici mon fils. » et elle a commencé à lui donner des conseils.

« Dans la vie, tout ne passe comme prévue ou qu'on le suggère et tout les gens ne sont pas tel qu'ils se présentent extérieurement mais le plus important dans la vie c'est d'avoir « Un cœur. » Le pouvoir d'accepter tout le monde les pauvres que les riches, les belles que les raides mais en réalité il n'ya pas de raide personnes puisque l'apparence ne compte pas c'est son cœur qui compte, les noirs que les blanc, les enfants que les âgées, accueillent tout le monde, sur dépasse toi à faire du bien. Prend le temps d'apprécier les autres de leur bonnes actes et ais le courage de lutter contre le mal dans toutes ces formes, dans tous les cas quelques soient les moyens que tu disposes, ayez le courage de prendre soin aux personnes vulnérables, sans défense. »

C'est tout mon fils.

Elle lui a demande :

-Comment va la malade ?

-Elle va bien, elle commence à se remettre.

- Et sa grande sœur va bien ?

-Elle va bien Maman.

-Tu sais que je ne me souviens son nom ?

-Elle s'appelle CHLOÉ

-Oui c'est Chloé mon fils, continue à prendre soin d'elle, c'est une fille formidable. Et je me sens fatiguer, je vais me reposer, mon fils, bonne nuit.

- Bonne nuit maman.

Il a pris quelques minutes assis dans le salon entrain de panser à leur conversation avec sa mère, il ne savait pas que sa mère était au courant de leur relation avec Chloé et il est fier d'avoir une maman comme elle.

Le lendemain avant de rentrer, Chloé a passé dans leur famille pour leur dire au revoir. Heureusement sa mère était là assise dans le jardin avec sa sœur cadette Annette entre de lire la Bible. En le voyant arrivé de près, sa mère a dit à sa sœur :

« Amène une chaise pour Chloé la voilà arriver ».

- Soyez la bienvenue Chloé tu sais que tu es comme une fille pour moi.

-Merci beaucoup

- Mais mon fils c'est toi qui dois préparer de quoi à accueillir ta petite amie !

Et voila que Gabriel pars à la recherche de quoi à l'accueillir, soudain en regardant à travers la fenêtre, sa mère, sa petite sœur ainsi que Chloé dans une conversation vraiment intéressante, des sourires incessantes et il commença à se demander mais pour quoi à mon absence la conversation est si bonne et intéressante. Il a essayé de faire si vite pour regagner sa place afin de participer à leur conversation puisqu'elles étaient débordées de joies. Après quelque minutes, le voila de retour avec sa préparation et le service était le sien aussi avant qu'il reprenne sa place. Tout d'un coup sa mère reprend la parole et dit :

« Je suis heureuse de te voir ici Chloé, c'est un grand honneur de t'accueillir dans notre famille, soyez la bienvenue toujours et vous allez m'excuser, je dois aller à l'église pour voir la propreté demain on aura la messe .Mon fils prend soin de Chloé et n'oublie pas de la déplacer. Bonne journée. »

Chloé répondit : « Merci beaucoup »

Sa mère est partie à l'église et ils sont restés ensemble une trentaine de minutes avant que Chloé rentre chez elle et Gabriel l'accompagne à l'aide sa bicyclette. C'était une distance de 6 km ensemble mais équivalent à une distance d'une journée compte tenu du temps utilisé mais c'était leur conversation interminable qui motive leur voyage.

Chloé a commencé à dire : « Tu sais mon amour, je n'ai jamais cru qu'un jour on se retrouvera sur une même bicyclette ensemble, dès le premier jour tu as impressionné mon regard, j'étais nouveau sans aucune connaissance, désespérée et perdue, mon apparence était comme une vieille femme, habillée bizarrement mais tu n'as pas tenu compte de tout. Tu as vu ma tristesse et tu t'es approché de moi pour me consoler, je ne sais pas comment te le dire, de jour en jour, j'ai commencé à sentir le gout de la vie et voila encore que votre mère, about de quelques minutes que nous avons passé ensemble, son accueil, sa bonté et son cœur, seulement Dieu merci »

- Merci de tout mais dis moi au moins, je vous ai vu avec des sourires incessantes et j'ai la curiosité d'en savoir de plus

Chloé a répondu avec un regard témoignant tant de chose : « Mais tu sais ta mère, j'en étais fière d'être avec elle »

Gabriel a continué à insister : « mais c'était la première fois que vous la voyait »

- c'était oui la première fois, mais au contraire ca faisait longtemps dès le moment ou nos chemins se sont croisées, c'est à ce moment que j'ai connu ta mère parce que tu ressembles à ta mère

Tout d'un coup ils approchent chez elle et son petit frère Marc jouait avec les autres enfants, ils ont pris un petit moment pour les saluer.

Chloé dit encore « Voila mon petit frère Marc, »

Marc vient nous saluer

Elle continua « Marc, lui c'est GABRIEL »

- Salut Marc, heureux de te connaitre

Le temps utilisé lors de leur voyage était énorme, il a fallu que Gabriel essai d'en récupérer afin d'arriver à la maison avant la tombée de la nuit ou qu'un changement climatique ne lui surprenne au cours de route avant qu'il arrive chez lui.

Gabriel demanda à sa petite amie comme eux sont près de leur famille qu'il aimerait y arriver ensemble mais faute de temps, il s'excuse de les laisser au cours de route mais avec une promesse de leur rendre visite bientôt.

D'une simple réponse

- Oui je sais, le temps est jaloux mais ne t'en fais pas, je suis toujours a ta disposition.

-Et moi aussi et merci encore mon amour

Elle lui embrasse et Gabriel reprend la route de retour à la maison puis qu'il avait tant activités à faire avant qu'il reprenne ses études.

La fin d'étude approche, comme d'autres travails qui nécessitent un effort spectaculaire afin d'atteindre avec succès son objectif, il ne lui reste que deux semaines raison pour laquelle la hâte de réussir avec une grande distinction lui préoccuper beaucoup. Un travail collectif leur a permis de relever les défis, certaines faiblesses de leur collègues pour mieux les y remédier et combler tous les vides y existant. Durant ce temps de concentration extrême, une surprise lui attendait, Gabriel ne se souvenais plus que c'était son anniversaire, « le 15 juin » mais toutes ses collègues avaient conscience de cela mais sous l'idée de Chloé et lui assis dans l'auditoire concentré sur ses études, il ne pouvait douter de rien, il a fallu quelques seconde de panne électrique pour que il soit encercler et tout d'un coup d'une voix si douce qui chante :

« Joyeux anniversaire♫♫♫♫♫♫♫, joyeux anniversaire ♫♫♫♫♫♫♫, joyeux anniversaire ♫♫♫♫♫♫♫, joyeux anniversaire ♫♫♫♫♫♫♫ »

Chloé qui était accompagnée par Germaine les voilà devant lui avec un gâteau allumé de bougies, surpris de les voir mais aussi content pour ce geste qui se déroule dans une matinée quelques secondes avant d'aller prendre leur petit déjeuner, ils avaient tout programmé, aucun détails ne les échappent et le délégué reprenne la parole en disant :

-Aujourd'hui comme tu le sais, c'est ton anniversaire mais aussi la tienne, dans la vie, on rencontre beaucoup de personnes mais avec le temps, on reste avec ceux qui tient toujours à vous et toi durant ces deux années passées ensemble tu as été et tu es encore notre bon ami pour tous, c'est pour cet occasion que nous avons organisé cette surprise pour témoigner notre reconnaissance. Merci encore et joyeux anniversaire.

Surpris de tous et pansant comment il va se prendre sans aucun arrière pensée et Chloé reprend la parole en disant :

-Moi Chloé, je ne sais pas là ou je vais commencer et ou terminer, seulement tu as changé et donné le goût à ma vie même à vos yeux, vous tous ici présent vous le savaient de plus que moi, ton aide dans tous les sens, je ne peux tout raconter et je n'ai pas honte de ce que je vais te dire devant tous nos collègues, 'Merci de ton amour, je t'aime et joyeux anniversaire.

Une acclamation retentit dans tout l'auditoire, puisque c'était la première fois que Chloé étant la fille la plus timide et intraverti, extériorise ses sentiments, elle était tellement heureuse que même le bonheur l'a emporté de loin.

En ce moment même, de l'autre coin, Liliane, la fille la plus élégante et souriante, était assise à terre entrain de pleurer, elle avait tenté de marcher à travers son chemin avec un espoir qu'ils se croiseront un jour mais en vain. Elle est chuchotée à voix basse :

- Pourquoi pas moi, j'ai été idiote tous ce temps, j'avais tant d'occasion de lui dire que je l'aime même si ça ne lui plaisait pas, Chloé, Chloé, Chloé l'a dit même devant tout le monde, pourquoi pas moi, je l'aime moi aussi, je l'aime !!!

Surpris d'entendre ces deux épisodes sentimentales, puisque il devait remercier Chloé et tous ses collègues y compris Liliane même si pour elle, l'apaisement de son chagrin était primordiale.

Gabriel a repris la parole en disant : « Mes chers frères et sœurs, je ne peux pas vous appeler collègues puisque vous êtes plus que ça, je manque de mots appropriés à utiliser pour vous remercier, tout ces effort que vous avez fourni pour que cette surprise d'anniversaire deviennent une réalité ,elle sont aussi énormes, c'est de l'amour que vous avez manifesté en vers moi, en me le disant ouvertement comme Chloé, merci, comme Liliane même si tu n'as pas eu l'occasion de me le dire dans une autre surprise comme celle-ci mais ton cœur t'a trahi et c'est le plus important en me montrant que tu tiens à moi, merci Lili, je le dis encore je vous remercie tous.

A la fin, ils ont tous réussi, lui avec ,une grande distinction, des distinctions et des satisfaction et ils se sont dispersés dans des différents domaines ,ceux qui ont continué leurs étude comme Gabriel ,ceux qui ont commencé le travail comme Chloé, Liliane et les autres qui sont parti dans différents d'autres domaines non cités ci-haut mais ils restèrent toujours souder.

Des études à la déception

Lors de leur fin d'étude, ce que tous le monde pansent, c'est ce qu'il va faire après, suite à leur grande réussite, des différents recommandations de travail et universitaire sont énormes mais leur choix était primordiale.

Sa famille lui a conseillé de continuer les études, soit en Psychologie, Sociologie, en Infirmière ou Assistant Médicale alors que ces trois derniers lui plaisaient beaucoup mais il préfère ce dernier pour un période de quatre ans encore.

Chloé, elle, est partie au travail comme institutrice dans une école catholique tout près de sa famille d'une distance de 5km arrêt et retour.

Durant cette nouvelle ère qu'ils ont commencé, à renforce leur amitié, ses études aller bien et de temps en temps, elle lui rendait visite et de même pour lui. Elle lui a présenté dans sa famille comme son ami et peut être leur beau fils si Dieu le veut.

Un jour, il est allé la rendre visite dans un but de renforcer leur amitié, en arrivant, il sonne à la porte comme si elle lui attendait, elle a ouvert la porte:

- Soyer le bienvenu mon amour.

- Merci ma belle, j'avais l'envie de te voir encore

- Et toi aussi tu m'as manqué, même une seule journée sans te revoir ressemble à un mois .Mais dit moi encore si tu as l'envie de me voir toujours ?

- Oui j'ai l'envie de te voir toujours dans ma vie, toujours à cote de toi

- Mais à côté de toi comme qui ?

- Comme ma femme !

-Mais tu rigoles, tu sais l'ampleur et l'importance de ce que tu viens de dire ?

- Oui j'en ai conscient seulement si tu le veux toi aussi. »

- Tu sais bien que je le veux avec tout mon cœur et tout le reste de mes jours mais tu le sais bien que nos familles réciproques soient d'abord en accord.

- Le plus important est notre amour, la grande décision est la notre, aucune personne ne nous forcera à faire le contraire de notre volonté seulement des conseils et afin nos famille nous accorderont leur bénédiction.

-Je suis tout à fait d'accord avec toi, la plus grande décision est le notre

-Merci avec le temps tout s'arrangera.

Alors que leur conversation allait en avant, sa mère, son frère et sa petite sœur viennent leur tenir compagnie, du vin et du jus d'ananas servi pour tous, des histoires et des humours interminables parfois des jeux de cartes et l'échec prennent place, c'était une ambiance extraordinaire, une visite sans égard. Comme la nuit allait tomber, il lui a fallu dire au revoir sans le vouloir mais il ne pouvait pas y renoncer.

En reprenant la parole sous prétexte que les heures coulent vite, vous allez m'excuser, je rentre pour que la nuit tombe étant à la maison.

Sa mère lui répondit avec courtoisie :

- Merci beaucoup, ta visite nous a rendu heureuse et soyez le bienvenu, ici c'est comme chez vous

En sortant, elle a dit à Chloé :

-Viens ma fille, accompagne ton ami, que Dieu te garde mon fils

-Merci beaucoup.

Chloé lui a accompagné lors d'un trajet de 150m, elle était tellement heureuse, de la discussion qu'il a eu avec sa mère, son frère et sœur, elle n'avait cru qu'un jour elle se trouverait dans une situation amoureuse, même si Gabriel n'a osé aucune fois la demander sur son passé amoureuse, sa déception voyant aussi que Gabriel ne voulait pas connaitre son histoire mais elle a insisté pour qu'il en connaisse.

Elle a commencé à lui dire :

- Mon amour tu peux m'accorder au moins quelques minutes, j'ai quelques choses à t'avouer »

- Comme quoi

-Mon passé amoureuse

- Mais c'est ton passé, il faut la laisser derrière nous

-Oui mais c'est mon passée et fait partie de moi toujours

Comme ils se trouvaient dans une route mais à côté d'un jardin, il suffi de dévier pour s'installer au fond de ce jardin pleine de rose et de gros arbres qui favorisent un courant d'air parfumée par l'odeur de ces fleurs et une discussion intéressante s'en suive.

-Quand j'avais dix huit ans, mon cousin vivait à la maison, on était tellement proche et il était plus âgé et expérimentée de plus que moi, il m'aimait beaucoup de façon à ce qu'on ne pouvait pas résister à la tentation. Un jour, alors que ma mère était dans une mariage de ma tante paternelle et qu'elle devrait y passer la nuit, lorsque mon cousin rentre comme d'habitude le soir en provenance de son travail ,il m'a apporté un cadeau et j'étais très heureuse, cette une robe noir coller correctement à ma taille. En allant lui montrer comment cette robe était belle, j'ai vu qu'il était assis dans sa chambre sur son lit et j'ai assis moi-même en le disant vraiment merci et lui aussi m'a dit qu'il était très heureux de me voir si belle. Son verre était pleine de Whisky et il a insisté qu'on partage mais le mien était en mélange avec du coca cola. C'était la première fois que je boive une telle boisson alcoolisée. Après un certain temps, je ne sais pas comment mais je me suis retrouvé dans son lit en faisant des rapports sexuels non protégé. Un mois plus tard, pas de règles et quelques changements surviennent, en allant se faire soigner, des examens ont révélées que j'étais enceinte, dé contrariée par cette événement, comment annoncer cette nouvelle à ma mère, mes études, j'étais dans un embarras de choix mais avec un peu de force je suis rentrée mais découragée. En arrivant, c'était une fête d'adieu à mon cousin, qui allait continuer ses études en Amérique, un autre choc mais j'ai essayée de me concentrer un peu avant son départ. Le lendemain soir, il prenne l'avion et s'envole pour Chicago et moi restant seule dans un tas de problèmes. J'ai perdu l'appétit et je me suis enfermé dans ma chambre toute la journée sans rien prendre et désintéressée de tout. En rentrant le soir, ma mère a remarqué que tous ce qu'elle avait préparée pour moi restent intact sans rien touché et elle s'est précipitée dans ma chambre et me voila crépie sous le sol entrain de pleurer : «

-Mieux vaut mourir, mieux vaut mourir !

Etonnée de me voir dans cet état, mais courageuse, elle vienne s'assoir à côté de moi et me demande

- Dis moi ma fille, dis moi tout.

- Non maman, il n'ya rien à dire, mieux vaut mourir, je ne peux pas.

- Si tu peux, je suis ta mère, quoi qu'il en soit je suis ta mère et je resterai toujours ta mère, peu importe ma fille, dis-moi, n'ayez pas peur.

- Non maman, j'ai honte de te le dire

Maman m'a appris dans ses bras et m'a dit :

« Non ma fille, tu es une grande fille, dans la vie, toutes choses qui arrivent que ça soient du bien ou du mal ne changera rien tu resteras toujours ma fille et je suis toujours là, pour t'aider et t'accompagner. »

- Maman pardonne moi, pardonne moi, je suis enceinte !

Restant silencieux quelques secondes, des larmes dans les yeux mais remplie de chagrin me dit : « Oui, tu as commis une erreur mais tu restes toujours ma fille, je vais t'aider dans tout et la vie va continuer mais soit courageux toi aussi pour l'affronter et ne commet jamais une telle erreur.»

Depuis ce jour, la grossesse a évolué bien, les études ont continué et maman m'a soutenu comme elle le pouvait jusqu'à ce que je mette au monde une fille « Nicole ».

Six mois après sa naissance, je me suis retrouvée encore sur le banc d'école, en se battant pour m'y a adapté de nouveau mais j'ai eu la chance de te rencontrer et tu m'as aidé tant que tu le peux, j'étais dans une situation désespérée et merci pour tous. » .Voila mon histoire, c'est à toi de prendre une décision si tu vas me laisser tomber et me quitter, je ne peux pas te cacher ma vie, j'ai une fille « NICOLE », c'est tout pour moi.

D'une voix basse et compréhensive, il lui a dit :

« Ne t'en fais pas pour ça, c'est ton histoire mais aussi va faire partie de la mienne, avoir un enfant ne me fais pas de problèmes, un enfant c'est un don de l'avoir, un bonheur immense, je t'aime, je t'ai acceptée comme tu es et ta fille sera la mienne.

- Merci beaucoup.

Ainsi comme le temps les presse, un au revoir était nécessaire, elle a retournée chez elle et Gabriel rentre lui aussi. Cette visite a amélioré leur confiance mutuelle, toutes les 2 années à suivre.

Les années sont passées, leur amour a évoluée, des visites incessantes de sa part ainsi que les siennes aussi. Leurs présentations familiales pour les deux côtés ont été renforcées mais malgré tout cela il y avait un grand problème « les études de Gabriel » ; elle n'était pas contre mais elle voyait que sa première préoccupation était l'étude et c'était la réalité puis qu'il pansait s'engager dans leur amour de plus à la fin de ses études. Compte tenu du chaumage et sans aucune espérance de trouver une ressource économique fiable pour éviter sa dépendance familiale et le salaire de Chloé ne pouvait satisfaire leurs futurs besoin comme famille.

Voila qu'un jour lors de sa visite de routine tout retombe en eau et sans espoir de la récupérer de nouveau

- Chéri, tu sais combien tu me manques, je ne supporte pas de rester seule longtemps, marions-nous svp !

- Oui chérie, moi aussi je le veux bientôt, être avec toi toute ma vie, en se réveillant toujours dans mes bras mais je ne suis pas capable dans ces jours-ci, je dois terminer mes études, chercher du travail et m'installer.

- Oui je sais que les moyens sont encore nécessaire mais on va se contenter de peu qu'on a, peut être qu'au fur et à mesure s'arrangera.

- Mais tu sais toi aussi à quel point mes études sont très couteux ensuite fonder une famille, je ne suis pas vraiment d'accord.

- Tu sais, je commence à douter de ton amour, si réellement tu m'aimes comme tu le prétends, tu ne m'exposeras pas de telle manière. J'ai deux garçons qui dès le début de mon travail on commencé à courir derrière moi, ils te connaissent bien mais ils ne cesseront pas tant que je sois encore à la maison.

- Tu sais combien je t'aime et je ne sais pas pourquoi tu oses mettre en doute notre amour, dès le commencement je ne t'ai rien caché jusqu'à maintenant.

- Alors tu dois choisir maintenant entre moi et tes études, j'en ai assez !

Après quelques minutes de méditation

- Tu sais tout, je t'aime et mes études prendront fin bientôt, il reste un stage de trois mois et quelques examens, tu peux patienter comme tu l'as fait.

-Je ne peux pas, je ne peux pas .Non fais ton choix.

- Comme tu me forces à prendre une décision, vu que je ne peux laisser couler tous mes efforts, mon temps, argent dépensé pour frais d'étude en quelques secondes tombe en miette et voila ma décision.

-Chéri, tu acceptes ma proposition.

- Non mon amour, je choisis mes études.

- Comme tu as pris ta décision et je pris la mienne, A Dieu mon amour !

Tout d'un coup, c'était la première fois que il voyait Chloé dans un tél état, elle a pris ses bagages et elle est sortie sans lui dire au revoir et Gabriel ne pouvais renoncer sa décision pour elle, il resta assis pendant une heure en passant de ce qui vient de passer dans sa vie encore mais il devait se battre pour ses études.

Le lendemain, il est parti dans le nord du pays pour un stage de trois mois mais avec du chagrin, il ne pouvait pas réaliser dans ses pansées quel mouche qui l'a piquée, malheureusement il n'avait pas de téléphone portable et Chloé aussi, même si il a essayé de l'informer que il partira en stage, elle, ne savait pas encore l'endroit et la durée de son stage avant d'y retourner.

Durant tout ces trois mois passé au stage, leur communication était coupée, personne ne peut communiquer avec l'autre et il a essayé avec tant d'autres moyens mais sans réponses puisqu'elle avait décidé de tourner la page.

Le stage a pris fin et il s'est précipité pour rentrer chez lui mais il devrait d'abord terminer quelques examens qui restèrent et sa défense aussi à la fin. Un certain jour, au moment où il se préparait pour aller faire quelques courses, la voilà devant la maison avec un motif de demander pardon et lui inviter à son mariage

-Tiens, mais Chloé, comment tu débarques sans me prévenir !

-Excuse moi, je ne te prends pas beaucoup de temps

-Mais pourquoi ?

-Parce que j'ai mis fin à notre relation, j'ai pris ma décision moi aussi, je vais me marier bientôt, toi tu n'avais de courage et je ne pouvais pas t'attendre, voici ton invitation bye !

Elle lui a laissé son invitation, il voyait qu'elle n'était pas contente, elle voulait cacher ses émotions et il a respecté sa volonté même si il n'était pas content mais il devrait faire plus d'effort pour que sa vie soit une réussite.

D'après ses études, une autre chance s'est présentée une bourse à l'étranger, il devrait partir avant le mariage de Chloé mais le jour de son mariage, avec l'aide de camarades, un bouquet de fleurs, a été livré à elle pour sa part pour qu'elle ait une vie heureuse c'était son souhait.

Une deuxième chance sans succès

Dans la vie, chaque personne mérite une deuxième chance, une troisième, quatrième jusqu'à nième fois, et c'était le cas avec Chloé. Au moment ou elle avait décidé de rompre avec lui pour épouser son aimant André, il n'avait pas de choix sauf la souhaiter bonne chance mais au contraire, leur relation a mal passée et au bout de quelques mois, elle a rompu de nouveau et elle s'est retournée vers Gabriel, son ancien aimant croyant que ca marchera de nouveau.

Une semaine après, avec l'aide de leur ami Léandre qui avait fournis à elle tous renseignement dont elle a besoin parce qu'il avait invité Gabriel pour partager un verre et Chloé aussi en a profité cette occasion, elle s'est présentée à leur rendez vous. En arrivant, ils étaient assis dans un groupe de six personnes et heureux de la voir de nouveau. Après avoir la saluée, une conversation de quelques minutes comme s'il n'était plus attaché à elle, il avait l'intention de la laisser avec Léandre, qui l'avait invité et lui continua à jouer aux échecs.

Elle a été servie comme eux, des boissons ainsi que de la viande de porc qui est l'une de leur viande préférée, Léandre a tenu sa compagnie mais sa solitude reste visible à leur regard et il ne se sentais pas responsable de sa malheur ,c'était elle la coupable mais tous le monde lui regarder comme si c'était lui qui lui a invitée. Voyant cela, Gabriel était sur le point de rentrer et la laisser seule mais elle est venue à côté de lui avec un cœur humble en disant

-Si tu ne m'y attendais pas et ma présence semble étrange à ta vue mais aujourd'hui je suis venu te demander pardon pour tous le mal et malheurs que j'ai infligée à ton égard, j'étais égoïste et tous ce que je croyais nous avantager et répondre à mes soucis n'étaient que des rêves et voilà la réalité en face de toi. j'ai rompu avec André, tout est fini, je suis de nouveau seul, seul sans un autre personne pour me consoler, même toi ,tu n'as plus l'envie de me voir, tous ce temps que nous avons passé ensemble ,ton amour n'existe plus, tes sentiments ,ton pardon mais écoute moi et donne moi au moins une deuxième chance, je t'en plie !

-Je ne sais pas si je suis capable de répondre à tes exigences maintenant mais comme tu le sais toi-même, tu m'as brisé le cœur et au moment où ils commencèrent à se cicatriser tu viens demander pardon, tu sais que je t'ai aimé, je t'aime et je t'aimerai toujours. Si je dois te pardonner, je suis prêt à le faire n fois sans conditions mais au moins une garantie, une assurance, tu seras toujours mon amie à jamais pour toujours et au fur à mesure on réévaluera nos priorités.

-Je suis tout à fait d'accord avec toi, j'espère que dans quelques jours tu te rendras compte que je t'aime encore.

-Oui, je le sais mais tout ce temps passé seul sans toi, dans ma vie y passait tant de chose, mes sentiments ne sont plus les mêmes, dans ta vie aussi, bientôt tu allais te marier avec un autre et te voilà aujourd'hui me supplier encore mais je crois que toi-même tu dois prendre un peu de repos. Tu sais que la nuit porte conseil, on trouvera une meilleur solution bientôt pour nous tous.

-Comme tu le souhaite mais au moins essais d'avoir confiance en moi, je ne peux pas effacer le passé, mais je peux au moins essayer de réparer mes erreur quelques soient leur glandeur et le temps qu'il me faudra pour combler ce vide que j'ai laissé dans ton cœur.

Les jours qui ont suivi leur rencontre ont été marqué par un rétablissement de leur relation même si des fois il avait tant de précautions sur des grandes décisions de peur qu'un jour elle pouvait se réveiller en pansant aussi à la réconciliation avec son ex-ami André

Six mois plus tard, voyant que leur relation a repris l'allure normale, elle en a profité cette occasion pour lui demander s'il compte l'épouser un jour.

-Tu te rends compte que de jours en jours on vieillit et tu compte te marier un jour ! Moi, j'en ai envie de le faire avec toi tôt ou tard, je suis prête à t'attendre jusqu'à ce que tu sois prêt toi aussi. Mais j'ai aussi une autre idée assez bizarre qui me dérange « J'ai du travail, je suis prête à élever un enfant seul à ton absence et si tu acceptes que je tombe enceinte de toi, j'en serai heureuse et cet enfant consolidera de plus en plus nos relations, je t'en prie fais le pour moi. »

-Tu as des idées formidables et j'aime recevoir tant de proposition en faveur de notre amour mais je dois au paravent y panser avant de mettre en action. Pour moi, avoir un enfant, est une des meilleurs moments de ma vie et en plus avec toi, sera une joie énorme mais avoir un enfant avant notre mariage, c'est encore assez pure puisque tu devras déménager pour éviter que ta mère soit humiliée par ton comportement. Un jour je me demande si je viendrai te visite en tant que ton ami, fiancé ou ton mari. L'enfant naîtra sans sons père à côtés de lui (elle) et tu te sentiras responsable même si tu auras un espoir de nous voir l'un à côté de l'autre bientôt. Et si le mariage échoue après avoir tombé enceinte, quel sera ton sort et celle de ton enfant ?

-Mais ne soit pas si pessimiste mon cœur, tout iras en merveille, seulement ais confiance en moi, je me débrouillerai de sorte que tu ne regretteras pas de ce que tu auras fait, je veux un enfant de toi, svp

-Je ne sais si je peux moi-même résister longtemps mais je te promets que d'ici huit mois on décidera le moment idéal et on en trouvera une réponse

-Non je ne peux pas accepter, huit mois c'est beaucoup, moi j'avais prévu dans dix jours à venir je serai dans la période d'ovulation on commencera à tenter nos chances, fais-le au moins pour moi, je ne te décevrai pas, c'est une chose facile mais je te le demande !

-Je ne suis pas d'accord avec toi, faire l'amour ne doit pas être pris comme un accident et lorsque tu veux tomber enceinte, il ya tant de consentements, des tests comme celle de VIH, tu ne sais pas ta statue sérologique toi aussi que la mienne, faire un budget de tous ce que tu auras besoin et même en discuter avec ta mère.

-Tes arguments sont pétunant mais j'ai l'impression que tu avances tout ces argument pour m'éloigner de toi, tu te bases sur les points négatifs seulement, sois optimiste mon amour je ne veux pas te faire souffrir, une seule chose et de faire en sorte que je sois enceinte et si tu le veux, tu resteras en dehors du reste.

-Un enfant n'est pas une poupe, nos sentiments ne doivent pas prendre le dessous de sa vie, une vie humaine, un don de Dieu, il sera mon sang, même patrimoine génétique que moi et toi, je t'en supplie, je ne veux pas faire souffrir un ange avant son arrivé.

-Je vois ta décision , tu as dit que c'était une idée formidable alors que je croyais que avoir un enfant avec toi grandira nos chances d'être ensemble un jour ,j'avais tord même au début tu n'étais pas d'accord ,tu cherches toujours à briser les ponts qui puissent nous unir ou tu ne veux plus de moi, tu peux me le dire ouvertement

-Tu peux faire ton choix mais pour moi j'en ai fais le mien, je ne suis pas prêt à avoir un enfant avant huit mois ou plus et dans les conditions que tu viens de décrire seraient encore catastrophique, je veux être un père digne de son nom, un enfant ne peut bâtir un amour qui n'existe pas mais au contraire il renforcera et consolidera les piliers déjà existant, ne me force pas à prendre une décision qui affectera le reste de notre vie et que nous regretterons toujours.

- De ma part, je ne regretterai jamais mais puisque tu n'es pas d'accord, je te laisse y panser, tu sais ou tu me trouveras si tu changes d'avis !

-Non, je ne change pas d'avis maintenant mais toi tu peux y revenir sur ta décision, on pourra prendre un nouveau départ contraire à celle que tu as prise

-Et moi aussi, je ne change pas ma décision ou peut être que je me suis trompé de nouveau à la personne à qui j'en avais placée ma confiance ,ma suggestion était claire ,je veux un enfant le plus tôt possible et si c'est de toi ,j'en serai en chanter mais si tu ne le veux pas, je chercherai ailleurs mais tu restera toujours mon ami à jamais et au moment ou j'en serai mariée, je serai prête à t'accueillir comme si tu es mon mari malgré que tu as refusé mon offre mais je t'aime à jamais.

-Merci de ta franchise et d'accepter ma faiblesse, je ne cherche pas à te briser le cœur mais je ne suis pas prêt, il me faut du temps et au fur et à mesure tu te rendras compte qu'on a évité de commettre une grave erreur mais tu resteras toujours mon ami et mon confident à jamais parce que moi aussi je t'aime à jamais malgré nos voies qui se séparent de nouveau.

-Oui nos voies se séparent encore mais plus ou moins d'une manière honnête et je compte à ton soutien toutes les fois dont j'en aurai besoin. Merci encore.

Leurs voies se sont séparées, elle est tombée enceinte deux mois plus tard et elle a commencé à bâtir sa vie alors que Gabriel son ambition était de continuer les études dans mon pays qu'ailleurs.

Une rencontre inattendue

Lorsque la chance s'est présentée, Gabriel n'avait pas d'autres choix que de partir subitement à l'étranger laissant sa famille et ses amis derrière lui mais le plus important était de continuer à acquérir tant de connaissances tant que possible malgré des déceptions qui finissent avec.

En arrivant dans ce pays lointain, dans une région montagneuse de climat froide, il s'est installé tout près de l'Université, de l'Hôpital, de l'Eglise Catholique et une petite colline rempli de grande roche.

Tout le matin, il devait passer à l'Eglise pour la messe matinale comme il est catholique, c'était un grand atout mais aussi ça a contribué à avoir plus de nouvelle connaissance.

Un jour, dans une promenade, il a pris la décision de monter vers cette colline et en arrivant il a rencontré trois jeune fille qui étaient assis sur une pierre c'était près de chez elles. Il s'agit de Viola, Francine et Antoinette comme elles aussi étaient catholiques, ils se croisèrent tous les dimanches à la messe de 10h30. Leur langue maternelle étaient presque semblable malgré quelques nuances de phonation, quelques mots avec des significations différents mais ils y'attendent vraiment sans besoin d'aucune interprète. Elles aimèrent la façon dont il parle et leur prononciation attire beaucoup Gabriel qui passe du temps à leur écoute.

Les jours passent et Gabriel prenne l'habitude de passer son temps libre sur cette colline située dans un petit forêt d'eucalyptus ,de rochet et avec la malchance d'être mordu par un vipeur, il y en avait beaucoup mais ça ne lui décourage pas puis que ces filles était comme une nouvelle famille pour lui, leur rendre visite de temps en temps et s'habituer à leur coutume lui aider à son intégration au sein de leur communauté.

Plus il devient populaire à son entourage, plus ses connaissances s'accroissent qu'au niveau de l'Université que dans le village, il était devenu le leur. Antoinette avait réussi à l'intégrer dans sa société puis que souvent elle était toujours tous près de lui malgré ça il n'accorda pas de grande importance à son attachement puis il avait rencontre une nouvelle arrivée à l'Université « Souavis » qui elle aussi était si intéressée à lui. Gabriel n'aimait pas s'enfoncer dans une relation amoureuse sérieuse avec elle mais sa taille, sa peau brune, ses cheveux et se yeux lui attiraient beaucoup, de plus ils avaient des points commun qui motivent souvent son aventure.

Un jour, il l'a invitée à lui tenir compagnie sur cette colline comme elle avait une affaire à régler avant, Gabriel est parti bien avant elle puisque Souavis savait là ou leur rendez vous aura lieu. En arrivant, il resta une dizaine de minutes seule comme c'était au sommet du rochet,

Antoinette a reconnu sa chemise et elle est vite venue tenir sa compagnie et prenne place à côté de lui, sans dépasser cinq minutes, Souavis est apparue, en voyant Antoinette assise près de lui, elle est devenue furieuse et elle est partie sans aucune salutation. Il a essayé de la retenir mais elle lui a dit qu'il a trouvé quelqu'une d'autre à sa place même si Antoinette n'était pas concernée par ce rendez-vous, elle était au mauvais endroit au mauvais moment mais au contraire elle aussi était intéressée à lui et elle en a profité l'occasion pour remplacer Souavis qui a manquée l'esprit de compétitivité mais resta sa meilleur amie.

Suite à sa récente déception avec Chloé, il ne voulait pas commettre le soi disant erreur mais il ya des fois où on ne peut rien changer, on ne choisit pas celui ou celle que tu vas aimer ou t'aimer même si tu utilises une force de maintenir votre relation en place mais vers la fin il revienne au point de départ. Dans sa vie courante, il est passionné par écouter des chansons en français surtout la musique douce comme celle de Fréderic François, Gérald Lenormand, Laurie, Marc Lavoisine, Michel Sardou, Nan Moussoukouli, Céline Dion et autres. Souvent quand il était seul ou dans une angoisse, il se mit à chanter sans le savoir que Antoinette, elle aussi, aimait tellement ces chansons, d'une façon ou d'une autre elles ont contribué à conquérir son cœur indirectement sans le vouloir. Un jour, lorsqu'il chantait une chanson de Garou avec Céline Dion « Demande au soleil.» attentive et curieuse, en se regardant tout droit dans les yeux, il chantait comme si c'était lui propriétaire et Antoinette n'a pas tardé à lui dire.

-Tu ne sais pas combien tu emportes mon cœur quand tu chantes pour moi, le soir ou le matin, une fois que j'ouvre notre récepteur radio ou l'écran téléviseur et qu'on joue une de ces chansons, je panse directement à toi.

- Peut-être que tu reçoives mon messages en chantant sans essayer de passer à côté.

- Oui ton message est direct et j'en ai reçu 5/5

-Ou peut être que tu aimes la chanson seulement, peut importe celui ou celle qui la chante pour toi.

-Je sais que j'aime cette chanson mais quand c'est toi qui la chante, l'autre peut le faire, mais la valeur dont j'attribue à cette chanson quand c'est toi qui le fais est très différent avec quelqu'un d'autres parce que toi seul tu en es différent des autres, tu es exceptionnel dans ma vie, je ne panse qu'à toi, toi seule, Je t'aime.

Merci beaucoup, moi aussi je t'aime.

Ils ont passé une trentaine de minute ensemble avant qu'il aille préparer le repas du soir puisque il vivait seul.

Leur amour a continué à grandir mais de sa part Gabriel avait mis certaines réserves inconsciemment sans vouloir la briser le cœur. Elle aussi était au courant de sa déception puis ils avaient une discussion y relative la semaine passée avant qu'il avoue qu'il l'aime. Elle avait une compassion pour lui et réellement lui aussi avait besoin d'une personne pour lui tenir compagnie et comme Antoinette était au chômage, son amour, sa volonté de le voir encore heureux, son temps précieux qu'elle lui accorda malgré tant de préoccupations, lui ont rendu émotionnellement intègre.

Après une année et demie passée au centre du pays dans cette village loin de la ville admintrative ainsi que la ville économique du pays, il a eu la chance de rencontrer de nouveaux venus ,anciens camarades et c'était une autre chance de déménager dans une grande maison située au milieu d'une forêt d'eucalyptus de deux hectares et demie environ réservée au directeur du Sanatorium « une Hôpital destinée à accueillir des cas de tuberculose résistant ou de rechute . » en bonne état mais visiblement abandonnée mais c'était endroit calme ,le vent qui souffle tous le temps, du bon jardin ,c'était merveilleux d'y habiter puisque dans la maison ,il y avait tout, la cuisine moderne ,deux salle de bain, quatre grandes chambres ,ils se sentaient dans un paradis .

Avant de déménager, il est allé rendre visite Antoinette, assise avec son frère Eloge qui est un grand artiste ,sa mère ,une institutrice dans une école voisine d'elle et son père était mort il y a longtemps. Une accueille chaleureuse à son égard, lui faisait venir une arrière pansée comme s'il était dans sa belle famille mais il se demanda encore comment il va réaliser une telle rêve. Une bière de banane bien préparée, délicieuse favorise leur échange des idées.

Ainsi sa mère reprend la parole en disant

-Te voila ainsi dans notre famille, nous sommes heureux de t'accueillir, je sais que ce n'est pas la première fois que tu viennes, les autres occasions j'étais parfois absent ou occupée.

Je suis très heureux de vous rencontrer.

Comme tu as eu la chance de me connaitre avant que moi je te connaisse, à l'église et en allant au travail, tu ne pouvais pas passer sans me saluer, tu as un grand cœur, une bonne éducation familiale et j'adore quand tu ailles à la messe matinale et dominicale.

- Merci beaucoup, oui je sais et j'ai l'habitude de saluer tout le monde qu'il soit grand ou petit c'est ce que mes parents nous habituent de faire.

- Menant tu es habitué à notre coutume et notre langue, tu en parles de plus que nous, tu as fais un effort remarquable.

Dans la vie pour réussir dans tout, il faut se surpasser mais aussi je remercie Antoinette, elle, a contribuée à mon intégration.

-Mais quand tu retourneras dans ton pays, elle restera ici et ton absence l'affectera beaucoup.

- Mon pays est la voisine de la votre, on partira ensemble et nous viendrons de temps en temps vous rendre visite.

- Ma fille chérie part loin de moi avec mon âge, elle va me manquer beaucoup mais ne vous en faites pas, ce sont des blagues.

-Oui on le sait mais peut être que c'est une partie de la réalité.

-Je ne sais pas du tout mais vous allez m'excuser, je dois aller voir ces batails si on les a donné de quoi à manger, ma fille continuera à vous tenir compagnie.

Sa mère est partie en discutant avec sa fille qui est revenue après quelques secondes

- Merci beaucoup infiniment.

-Toi et ma mère vous avez une conversation dont je ne peux rien y commenter mais dis-moi avec vérité, tu es conscient de l'ampleur des tes réponses.

- Je n'ai dit que la vérité, rien que la vérité

-Oui je sais que c'est la vérité, mais c'est encore tôt, je ne sais pas comment je vais expliquer à ma mère, elle va me demander tant de chose mais je suis fière d'être amoureuse de toi.

- Voilà tu as une simple réponse et qui englobe tout.

-Mais es-tu prêt à partir avec moi chez vous, tu es sûre que c'est la bonne décision que tu as pris ?

-Je suis prêt à assumer tous mes responsabilités, témoigner mon amour ici dans ta famille ainsi que dans la mienne et je n'ai rien à regretter seulement si toi, tu n'es pas encore prête !

-Tu sais bien que je suis prête en te disant que je t'aime, j'ai ouvert mon cœur à toi, à toutes nos diversités de nationalités mais qui n'est qu'une petite différence quand on est amoureuse.

-Je ne sais comment te remercier, merci encore mon amour. Tu sais que je vais déménager au Sanatorium.

- Dans cette grande maison du Docteur au fond de la forêt ?

- Oui dans cette maison, c'est un endroit idéal pour se reposer et faire nos études, nos recherches et nos travails de fin d'études dans un endroit calme.

-Quoi, tu vas partir dans neuf mois à venir mais ce n'est pas possible, je commence à être heureuse avec toi et voilà des histoires de partir !

- Pour que tu commences une nouvelle étape, il faut d'abord achever la précédente ; si je ne termine pas mes études ici nous ne pouvons pas partir ensuite ensemble chez moi, si je pars aujourd'hui ou demain, je viendrai toujours vous rendre visite et régler de petit à petit tous les détails.

-Oui je dois m'y habituer et je t'attendrai tout le temps qu'il te faudra.

-Mais à part ça, tu dois venir bientôt me rendre visite au Sanatorium !

-Ne t'en fais pas je viendrai tous le temps que tu voudras, je ne veux pas te voir en solitude, ma mission est d'être à côté de toi, de te consoler quand tu en a besoin, de te conseiller si tu le veux puis que je t'aime, un amour sans retour.

- Mais tu vois que la nuit tombe, je rentre et dis au revoir à ta mère et à ton frère.

- Ils ne sont pas ici, je transmettrai ton message aux concernés.

- Merci infiniment, chérie.

Il est sorti et Antoinette lui a accompagné jusqu'à la route principale et lui remercie de sa visite qui était tellement extraordinaire.

- Ta visite m'a rendue heureuse et a été d'une importance capitale pour notre amour ; n'hésite pas à venir de nouveau même si je n'ai pas eu chance de t'écouter entrain de chanter pour moi une de tes chansons préférées.

- Toutes les occasions qui se présenteront, je n'hésiterai pas d'en profiter et de chanter mais lors de ton prochain visite, tu choisiras toi-même cinq chansons et j'en serai fier.

-Merci mon amour, je viendrai jeudi dans l'après midi. Bisous !

- Merci mon cœur, à jeudi .Bisous !

Elle est retournée à la maison et Gabriel est rentré en pensant à quel occasion il en annoncera à ses parents qu'il a trouvé une fiancée là où il étudie, tous le déroulement de la dote chez elle, mariage civil à son ambassade ainsi que le mariage religieux chez lui mais ne lui faisait pas peur parce que il n'est pas le premier ni le dernier.

Le lendemain, il a déménagé comme prévu au Sanatorium, c'était un endroit calme dont beaucoup de personne levaient d'habiter et les favorise dans leur vie quotidienne. Des bois de chauffages étaient disponible facilement, ils avaient tant de place à s'installer différemment au cas où ils ont de différent travails surtout en cas de rédiger leur rapports de stage ainsi que leurs mémoires. Ils avaient pansé à beaucoup d'avantages en choisissant d'y déménager.

Le jour ou Antoinette viendra lui rendre visite arrive, ce jeudi, il avait fait la propreté partout dans la maison même en dehors, tout les feuilles d'arbres tombées ont été ramassées, l'ordre régnait partout et ses camarades attendaient ce jour pour voir la fille à qui il tenait beaucoup seulement Samuel, Gad et Joseph la connaissaient. Assis sur le balcon, la voilà arrivait lentement mais sûrement, il s'est précipité vers elle pour la souhaiter la bienvenue. En parcourant ensemble ce chemin l'amenant à la maison et ses camarades lui ont aidé à l'accueil, ce jour avaient eu un retard d'aller à table à cause d'une brebis acheté au marché, ils leur ont fallu beaucoup de temps pour pouvoir le préparer et ils avaient acheté une caisse d'Amstel et des limonades mais il ne reste que la moitié pour les boissons alcoolisées beaucoup d'entre eux les adoraient beaucoup. En se précipitant prendre une place au balcon elle aussi, voici que Samuel, qui était responsable de la cuisine ce jour-la, les invite a table.

-Mes amis, venez a table et laissez Antoinette arrivait la première, c'est notre invitée d'honneur.

- Selon Joseph, il faut demander à Gabriel d'alléger ces protocoles pour qu'elle arrive directement à table.

Gabriel n'a pas hésite à répondre,

-Oui c'est notre invitée d'honneur, la fille que je présenterai à ma mère bientôt, il faut que je la protège de toutes écorchures ou gratignures.Viens mon amour à table, Assis toi ici tout près de moi !

- Comme tu as pris la bonne décision, je te félicite mais tu dois prier pour ce repas.

-Merci Seigneur, pour ta grâce de vie que tu nous a accordée aujourd'hui, merci pour notre invitée ici présente, garde là et sa famille ,nous aussi ici présent ainsi que nos familles, béni ce repas et donne du pain à ce qui n'en ont pas ainsi soit-il .Amen .

-Servez vous et bonne appétit.

Merci, pareillement.

-Servez vous de la viande, il y en a assez.

-Je prends les pommes de terre et la viande seulement.

-Toi tu es comme un lion, tu aimes beaucoup la viande, j'espère que Antoinette supportera de manger de la viande toujours.

-Elle n'aime pas beaucoup la viande, elle ne bois pas de boisson alcoolisée mais elle n'est pas gênée, elle en préparera toujours et servira un verre de vin à son mari afin qu'il soit heureux .Ne ce pas chérie.

-Oui mon amour, j'en serai fière et je le ferai avec une volonté ferme

-Selon Samuel, vous commencez à parler dans votre jargon d'amour, nous qui doutent de prendre une telle décision, nous serions jaloux, mieux vaut partir.

- Rassasie et sous prétexte d'amour tu pars, peut être que tu avais une autre rendez vous à l'hôpital avec.......

-Bien sûr que je vais la voir, à ce soir !

- À ce soir, salue-t-elle de ma part

Ils sont partis les laissant seul, ils avaient beaucoup à se dire, il avait allumé sa chaine musicale, une centaine de chansons étaient sélectionnées une par une, il avait la chance de les connaitre tous et elle, lui écoutait tranquillement, ils étaient dans un paradis, dans un monde sans détresse, dans une ambiance sans égale. En chantant, elle tourna le coup en se regardant tout droit dans les yeux,

- Merci infiniment, près de toi je se sens pleine de liesse, je t'aime, bisou.

- Je t'aime moi aussi, bisou.

Etant donné que sa mère n'était pas à la maison et c'était son tour à elle, la grande fille, devrait rentrer tôt pour organiser et préparer le repas du soir et il a saisi cette occasion pour l'accompagner et faire quelques courses parce que les autres lui avaient confié cette tâche en partant. En arrivant sur la grande route, elle a croisé son frère et ils sont partis ensemble alors que Gabriel est allé à leur point de rencontre, c'était merveilleux cette soirée.

Les mois sont passés, il ne lui reste que deux mois du temps règlementaire et les préparatifs devenaient de plus en plus dure, il devait bosser jour et nuit en même temps que rédiger le rapport de stage, préparer le juré ainsi que la mémoire.

Le rapport de stage terminé et remis, le juré devrait avoir lieu dans deux jours, les nuits blanches étaient inévitables, les signes de surmenages étaient visibles dans ses yeux mais la plus grande préoccupation avant tout était la réussite, réussite avec grande distinction et c'est ce qui s'est passé le jour du juré là où note obtenue était de 16/20, la grande distinction. Les études commencèrent à prendre fin voila qu'on leur annonce que la défense aura lieu dans deux semaines, sa mémoire pas encore terminée. Il devrait entamer une dernière correction, il n'avait ni d'ordinateur fixe que portable, la seule option possible était d'utiliser un secrétariat public aussi bien que les moyens étaient insuffisants mais le but de la réussite domine tous dans afin de rentrer chez lui victorieux.

Deux semaines viennent de passer sans qu'il accorde à elle une dizaine de minutes mais ce soir elle devait venir le voir à la maison. Il était seul, ses camarades avaient quitté le lieu deux jours après le juré pour aller dans la capital pour mieux se préparer et c'était à son tour de quitter le lieu mais Antoinette était la, et il devait à elle des explications pour qu'il n'ait aucun désaccord entre eux.

Dans une robe noire collée sur sa taille, bien coiffée et un maquillage si sophistiquée que il ne l'avait jamais vu si belle comme ce jour, en la voyant, il avait l'envie de continuer à la voir marcher devant lui une dizaine de minutes mais aussi il avait l'envie de la tenir dans ses bras, de rester avec elle une longue durée, il ne voulait pas la perdre, de la laisser partir et restais lui seul dans cette immense maison.

-Soyez la bienvenue mon amour, tu me manques beaucoup !

Ils entrèrent dans la maison et pris place à côté d'elle.

- Merci aussi chérie, moi aussi tu me manques, je n'arrive à supporter ton absence, même avant-hier, j'ai pris la décision de venir te voir mais en arrivant à mi-chemin, j'ai pris une autre décision de retourner à la maison pour pleurer encore.

- Ne t'en fais pas, tu es avec moi menant, on va avoir une belle soirée.

- Non ce n'est pas vrai, je suis venu pour pleurer, tu le sais bien que tu vas partir bientôt, tes études ont pris fin et tu vas me laisser seul ici dans ce village ou tu ne reviendras jamais. Serre moi fort avec tes bras dans ta poitrine et laisse moi pleurer et tu verras que je me sentirai mieux après.

Elle a pris son temps nécessaire pour pleurer, une vingtaine de minutes et après son calme est revenu et elle lui a dit

Merci mon amour, d'accepter que je reste dans tes bras sur ta poitrine, j'étais en sécurité, avant de pleurer je ne pouvais plus parler menant je me sens en forme.

- Comme tu es en forme, ton sourire éclate dans tes yeux, j'en ai chanceux.

- Aujourd'hui c'est notre dernière soirée avant que tu quittes ce village, tu nous quittes pour aller en ville finaliser ta mémoire, je suis à ta disposition tout le temps qu'il te faudra même si je passerai une nuit avec toi pourvu que tu sois heureux.

- De ma part aussi ta présence signifie tant de chose pour moi et parler beaucoup de mon départ ne nous avantage pas, vivons le présent.

- De même pour moi, allume ta chaine musicale et en profitons-nous !

Avant de rentrer chez elle, elle avait rédigé un petit poème, une chanson parmi celles dont il adorait beaucoup et celle récitant la signification d'un ami dont elle espérait que le message qu'elle contienne, fera un rappel continue à chaque moment fera sa lecture.

Me voici partir pour un village lointain

Sans que je te chante pour temps

Je vais te prendrai congé

Sans avoir trop d'envie

Ton sourire et ta douce voix m'ont été fascinés

Dans mon cœur, ton visage s'y est dessiné

Pourtant je ne tenterai à te décevoir

A jamais pour jamais.

Souviens-toi du chemin parcouru ensemble

L'herbe craquait à notre passage

Les oiseaux se taisaient en nous voyant

Désormais je serai toujours chagrinée

Souviens-toi des larmes que tu m'as essuyée

Geste inoubliable pour moi

Plein de toi je me sentais pleine de liesse

J'aurais une faiblesse pour toi.

Souviens-toi des chants que tu me présentais

Et il t'écoutait tranquillement

On allait goutter à une vigoureuse vie

Mais malheureusement je te dis au revoir

Oh Cher Chéri

*Permettez-moi de t'appeler mon '' **Chou** ''*

Pour te prouver réellement

Que mon âme est le seul responsable

De l'amour a encaissé infiniment.

Par Antoinette auprès de mon Chou

Je t'embrasse !

Bien aimé

C'est pour toi

1. Quelques fois je dis des mots bizarres
   Quelques fois je parle trop
   Et tu me regardes et mon cœur tombe en l'eau

2. Quelques fois je dis a contre temps
   Tu n'y comprends rien du tout
   Et tu me regarde étonné tout à coup

3. Ne m'oblige pas à tout te dire
   Puis que tu le sais déjà
   Et tout ce que tout ce que je fais aujourd'hui
   C'est pour toi

R/ C'est pour toi, toi, que j'aime encore
C'est pour toi que je suis la
C'est pour toi, toi, que rouge et bleu
Se mélange à tout le temps
C'est pour toi qu'aussi que j'aime les enfants

4. Je ne trouver rien de cette vie
   Que je désire hier encore
   Ta présence en moi réveille l'eau qui dort

5. Je ne connais pas ce que je suis
   Je suis quelqu'un de nouveau
   Quelqu'un de plus beau et peut être plus fort

Un ami

Un ami c'est un don, c'est un bonheur immense
Que l'on peut choisir mais qu'il faut conserver
C'est la douceur, c'est la chaleur, c'est la puissance d'un cœur
Qui sait donner, recevoir et partager

Un ami véritable est un privilège
Qui vous aime avec tous vos défauts
Qui selon des moments conseille ou bien protège
Et dont la charité n'est jamais un défaut.

C'est quelqu'un dont on sent doubleuse l'absence
Parce qu'il sait très bien par un geste banal
Un simple regard qui donne a sa présence
Une valeur très grande, un charme sans égard

C'est quelqu'un qui vous croit quand tout le monde doute
Qui comprend sans un mot la peine ou le souci
Qui pour vous accompagner change un peu sa route
Sans faire de reproche ni attendre un merci !

Le lendemain matin, il a quitté son village préféré dans un voyage qui lui amène dans la capital pour ses dernières préparations afin de défendre sa mémoire dans une semaine pour libérer son directeur qui partira dans les vacances la semaine prochaine. Le jour ''**J**'' arrive, la défense a eu lieu dans un grand auditorium peu d'invité, il 'avais prévu que Antoinette soit là mais au dernier moment, ils ont avancée de deux jours leur défense et c'était très dure pour elle de changer subitement son programme.

Comme dans tous les autres épreuves qui ont précédées sa défense, son objectif était de réussir avec distinction et ce jour là, il en a eu encore une note de 17/20, une grande distinction encore et comme Antoinette ne pouvait être présente, la lettre qu'elle a envoyée a été pour lui un signe de soutien et qui lui rappelle toujours leur amour. Dans cette lettre, c'était une histoire, une vie, un amour.

Souviens- toi !

Félicitation quand même !!!!!

J'aimerais te saluer bien sûr malgré les longues durées qui s'écoulent sans nous retrouver en chœur. Chéri, tu me manques vraiment !

J'ai été de mauvaise humeur depuis ton départ mais j'espère être sous l'égide du Seigneur tout ira bien je pense.

Ton apparence m'est manquée

Ta consolation aussi. Qui pourra alors essuyer mes larmes ? Tu m'as donné qui ?

Mais je n'en ai besoin que toi et je t'attends toujours.

Chou, c'est toi le seul qui as pu avoir l'occasion de me connaitre, je ne t'ai caché nul secret ne ce pas ! C'est moi qui te le dis car je t'ai trouvé comme un homme digne d'être aimé, nous avons partagé toutes mes joies, toutes mes peines. Tu me donnais chaque fois des consolations intimes. Merci infiniment !

Chéri, chaque fois que je me souviens de toi, je regarde immédiatement ta photo passeport laquelle me plait beaucoup et je la garde en souvenir.

Eh bien je t'aime encore plus fort depuis que tu es parti et je ne peux croire encore que c'est fini. Je t'aime bien chéri, je ne t'oublie pas, je te rêve toujours. Bisous !

"You make me wanna." "Demande au soleil."

Cette une lette qui restera gravée dans sa mémoire ne pas comme prisonnier des souvenir mais comme une histoire qui fais partie de son passé.

Après sa défense, il ne lui a pris que trois jours pour remplir certaines formalités administratives en vue d'obtenir son diplôme et autres documents requises et exigés. Avant le dernier jour de son retour au bercail, une visite improvisée d'Antoinette a eu lieu puisque il lui avait donné tout les coordonnés au cas où elle viendra et c'était le cas. Elle avait téléphoné avant de venir et il l'attendait impatiemment. Dès qu'elle a toqué à la porte, il s'est précipité pour ouvrir, en la voyant, elle a jeté tout ce qu'elle avait dans ses bras et elle tombait dans ses bras et sans dire un mot ,elle a commençait à pleurer de nouveau. Il a pris du temps de la laisser jusqu'à ce qu'elle se calme.

Dès que son calme est revenu, c'était une occasion de discuter sur leur orientation amoureuse, il aille rentrer au bercail et elle, restait dans son pays avec sa famille. C'était aussi une occasion pour lui d'annoncer à sa famille leur amour, chercher du travail pour être indépendant économiquement, organiser des visites entre eux mais faire de sorte qu'elle obtienne un passeport.

En arrivant dans son pays natal, toute sa famille était très heureux, il 'avait atteint son objectif. La deuxième étape de la vie avait commencé, les études terminées, chercher du travail et fonder une famille même si personne n'ose pas le prononcer en face, être fiancé ou avoir une fille qu'il prétendra, serait leur souhait.

Trois mois sont passés encore dans le chaumage et deux semaines après il a été embauché comme Gestionnaire des données dans un centre de santé tout près de lui. Son salaire n'était pas grand mais ses besoins étaient satisfaits. A la fin du deuxième mois, il a pris une partie de son salaire et il est allé rendre visite Antoinette, ce n'était pas une surprise parce que il avait essayé de maintenir leur communication, tous les jours il l'appelle durant au moins cinq minutes et elle était au courant de sa visite.

Il devra utiliser la voie terrestre, une distance de plus de 12 heures dans un autobus. En y arrivant il a d'abord pris une chambre dans un hôtel et prendre une douche, il était tellement fatigué qu'il pansait prendre un bain prolongé et boire du thé puis dormir comme un bébé mais au moment où il n'attendait personne, une personne a toqué sur la porte, il pansait que c'étais une des femmes de chambre et il lui a dit : « Entrez, la porte est ouverte ». Le téléphone a sonné, c'était Antoinette qui lui appelait comme il était si distrait, il n'avait pas vu que c'était elle qui est entrée, tout d'un coup en décrochant, la même voix sur mon portable était derrière lui, il était surpris de la voir derrière lui avec un sourire éclatante de joie, une surprise incontestable. Il ne pouvait plus se retenir, il l'a embrassé un paradis inconditionnel couvrait leurs regards.

Le lendemain matin, il s'est réveillé tard, la fatigue était encore visible dans ses yeux mais ne l'empêcha pas de continuer sa raison de voyage. Tous les amis du village étaient surpris de le revoir encore, ils pansaient que leur amour allait disparaitre dès que ses études prendront fin mais au contraire il avait témoigné à quel point il est fidèle a sa parole.

Chez elle, sa maman était contente, assis avec sa fille ainée Emeline et sa cadette Amandine, en collaboration avec son frère Eloge avec qui leur collaboration secrète avait permis l'obtention d'une caisse d'Amstel Bock ,une bouteille vin rouge et une caisse de Limonade. C'était une fête comme dans sa belle famille, quelques voisins arrivèrent, sa popularité lui rende comme une star du quartier mais le bonheur ne dure pas la nuit tombe, il devrait rentrer à l'hôtel.

Toute la famille lui accompagne puis cédant la place à Antoinette de prendre le relais, c'était à ce moment que les discussions sérieuses ont eu lieu.

-Quand est ce que tu compte revenir nous rendre visite chéri ?

-Je ne sais pas précisément mais je crois que dans trois ou quatre mois à venir

- Mais c'est une période assez longue, au moins dans deux mois, ne ce pas mon amour !

-Je crois que ton souhait ne sera pas facilement exaucé, je compte payer les frais de ton passeport pour que je puisse officialiser notre amour dans ma famille aussi.

- Dans ta famille !!!, ils sont au courant de notre amour, je comprends alors, ne t'énerves pas à faire tant de chose tout d'un coup, petit à petit l'oiseau fait son nid.

- Ne t'en fais, je veux tous mettre en ordre le plus tôt possible et l'année prochaine tu seras officiellement ma femme.

- Oh mon Dieu ! L'année prochaine, laisser ma mère seule sans moi, je ne sais pas si j'en serai capable mais c'est la vie.

- Grosso modo, tel est la raison de ma visite aujourd'hui.

- Je suis très heureux de te voir encore chez nous, merci infiniment chéri, je t'aime.

Leur conversation a pris fin, elle devrait rentrer chez elle, la nuit commençait à tomber et lui aussi retourner à l'hôtel pour préparer son voyage ainsi que se reposer un peu.

Les mois sont passés mais les appelés restent inchangés un appel dans deux jours, tous les préparatifs étaient presque à la fin pour qu'elle vienne aussi dans son pays en visite officiel et être présentée à la famille de Gabriel qui était au courant de la présence d'une étrangère dans sa vie mais cela n'était pas un problème car l'amour n'a pas de limite. Ces derniers jours les choses commençaient à lui inquiéter de plus en plus, elle commença a nié ses appels ou comme si elle était désintéressée et ce n'était pas son habitude .Il pris la décision de s'informer tout près de ses amis qui sont restés dans son village. Selon eux, une autre personne est entrée dans sa vie. Il avait découvert que c'était un chauffeur de l'hôpital de sa région qui sorte avec elle et dont cette fréquentation inquiétait aussi ses amis mais un jour ou il a essaye de s'informer tout près d'elle, elle a nié en disant que c'était des mensonges ou des rumeurs que il doit avoir confiance en elle.

De jours en jour, son inquiétude commença à perturber son travail et il a pris la décision d'aller la rendre visite accompagné de son frère d'enfance Olivier. En y arrivant, elle était très étonnée de le voir et lui n'avais pas de mots à dire. Elle était faible et asthénique, elle était enceinte avant même qu'elle lui dise un mot. Assis avec les autres amis, en buvant un peu de bière et mangea quelques brochettes de viandes de chèvre.

Ses amis leur ont laissé une place en vue d'avoir une discussion avec elle.

- Chérie, j'avais l'envie de te voir encore, je suis nostalgique à ton absence.

-Merci beaucoup mon cœur, de même pour moi mais pour quoi tu es venu sans me prévenir ?

-Je ne pouvais pas supporter ton absence et des fois des surprises s'avèrent indispensable.

- Non moi, je n'aime pas de telles surprise.

- Mais tu n'es pas de bonne humeur, ton apparence n'est pas habituel et tu cherches à m'éviter, je ne t'ai jamais vu comme ça durant tout ce temps passé ensemble, tu as un problème ou tu peux me dire toute la vérité, je t'en plie !

- Elle commença à pleurer et pleurer.....,

Après cinq minutes de silence absolu, elle a pris la parole

- Oui mon amour, j'ai un problème, je suis enceinte, je ne peux pas te le cacher mais pardonne moi, ce n'était pas ma faute, on avait prévu une sortie avec ce chauffeur dans la ville administratif du pays, en arrivant à l'hôtel, il m'a violé.

Surpris de l'entendre avec ses propres mots mais auparavant il avait un mauvais pressentiment et est devenu réalité. A cet instant, il a été choqué pourquoi, elle lui a caché la vérité qu'elle sortait avec ce chauffeur, son argent dépensé en venant la voir ainsi que celle qu'elle allait utiliser pour le passeport, il commença à perdre confiance en elle et comment il va expliquer cette situation à sa famille alors qu'il est encore un homme de confiance.

- Merci de me dire un peu la vérité mais je ne sais pas quoi à te dire maintenant, seulement je te pardonne mais je ne suis pas prêt à un autre commentaire, tout semble flou dans mes pensées, peut être que c'est ma faute d'avoir beaucoup de confiance, de te précipiter, je ne sais vraiment.

- Ce n'est pas ta faute c'est la mienne

- Tu vois, je suis venu pour t'aider à chercher du passeport mais je ne sais pas si tu es encore prête à continuer avec lui.

- Merci de me pardonner mais je suis enceinte, un enfant de l'autre, ce n'est pas le tien, c'est une charge de plus.

- Je sais, en te pardonnant j'ai accepté tout, l'enfant sera le mien, c'est notre passé le plus important c'est notre avenir. Je dois aller saluer ta famille, demain je rentrai chez lui.

- Allons-y alors.

Ils sont partis ensemble pour aller saluer sa famille, il se sentait triste mais il a fait semblant d'être heureux, une trentaine de minutes suffisait pour que il quitte sa belle famille. Elle voyait qu'il n'était pas heureux et elle lui a laissé son choix de partir

Le lendemain très tôt le matin, il a pris le bus pour rentrer chez lui, elle lui a envoyé un message mais il l'a vu si tard, elle voulait venir lui accompagner. Deux jours plus tard, il a essayé de l'appeler mais elle ne répondra pas car elle avait quitté son village deux semaines après sa visite pour aller travailler dans une autre province lointain. Plusieurs fois avec de différents numéros, il essaya de la rejoindre sur son portable mais en vain.

Six mois plus tard, il a eu l'occasion de retourner dans ce pays pour récupérer son diplôme et par chance, il a tentée de nouveau sur son portable et elle a décroché, une conversation d'une dizaine de minutes et qui a abouti à un rendez vous dans deux heures puis qu'elle était en ville elle aussi. Les courses qu'il avait à faire sont terminées une heure avant leur retrouvaille, une grande nostalgie à l'égard de leur rencontre et il ne savait pas la ou commençait, il se sentait bizarre avec des idées éparpillées partout.

Leur point de rencontre était sur la plage du lac Tanganyika, il y était dix minutes avant et elle n'a pas tardé d'y prendre place. Elle était heureuse de se voir de nouveau et de partager un moment romantique avec lui. Assis sur le sable sa poitrine dans la sienne, un courant de vent froid qui soufflait, un silence absolue qui retentit aux alentour d'eux sauf le bruit de ce vent qui souffle ces cheveux longues et brille son visage.

Restant silencieux quelques minutes en regardant au fond de ce lac immense, des vagues de vent qui déplaçaient l'eau et de petites navire de pêche d'une vitesse incroyable. Elle a tourné son visage en regardant tout droit dans les yeux de Gabriel.

-Lors de notre dernière séparation, tu étais si triste que moi-même je n'étais pas capable de te consoler, j'ai essayé de le faire mais au fond de mon cœur je voyais que je n'étais pas la personne idéale et j'ai manqué le courage de me dépasser pout ton bonheur. En allant saluer mes parents tous le monde voyaient dans tes yeux ta tristesse, ton angoisse et ils n'ont pas eu le courage de te demander quoi que ça soit et en plus de cela, ma mère était au courant que j'étais enceinte l'enfant de ce chauffeur. Au moment ou elle a appris que tu es arrivé, elle a commencé à pleurer dans sa chambre, elle avait honte de ce qui nous arrive à toi et à notre famille. Tu avais prévu de passer beaucoup de temps avec nous mais tu as quitté ma famille après une trentaine de minutes et le village le lendemain matin. Tu n'as pas eu le courage de répondre à mon appel et mon message. Ton cœur a été brisé par la personne que tu aimes et tu n'as pas supporté. J'ai resté silencieuse deux semaines et après j'ai pris la décision de quitter mon village parce que je me sentais coupable de tous les malheurs que tu as enduré ainsi que celle de ma mère mais ce n'était pas la bonne décision parce que une semaine plus tard, à cause de la tristesse, j'ai eu une fausse couche, j'ai perdu mon bébé, j'ai perdu tout, ta confiance et celle de ma mère, ton amour, je suis perdant.

Elle a commencé à pleurer fort mais il a essayé de la consoler, lui aussi avait une angoisse émotionnel plus qu'elle mais il a été capable de se maitriser plus qu'elle.

-Je suis encore amoureux de toi, on aura d'autres enfants ensemble, tu seras ma femme et une vie heureuse nous attende mon amour.

-Je n'y crois pas mon amour, il ya tant de choses qui sont passées dans ma vie dans tout ce temps à ton absence ,je ne suis pas la même, il me faut du temps assez grande pour que je me rétablisse de nouveau, la vie n'as pas de sens et si je le retrouve ,son goût sera amer, je ne suis pas digne de confiance moi aussi ,je le sais, je ne veux pas te briser le cœur de nouveau, tu peux me laisser tranquille avec tout mes secrets, je t'aime encore et je t'aimerai toujours mais si tu veux avoir une vie heureuse oublie moi, je ne serai jamais ta femme j'en ai pris ma décision, notre vie ne se croisera jamais de nouveau, tu resteras mon meilleur ami à jamais mais pas mon mari. Je te remercie du temps que nous avons passé ensemble, ton visage resteras toujours gravé dans ma mémoire, tu es le seul homme que j'ai aimé, que j'aime et que j'aimerai mais vivre ensemble comme mari et femme, jamais.

Buvons notre verre de vin.

-Merci beaucoup de votre franchisse, je ne pouvais te forcer de revenir sur ta décision et moi, je devrai prendre la mienne, de rester seulement de bons amis à jamais puis que nos chemins se séparent clairement.

L'amour apporte toujours des tests improvisés, la réussite ou l'échec. Chacun est sensé de franchir un ou tout ces étapes mais le plus important est la leçon obtenue à la fin. La déception est aussi une partie qui apporte des leçons à chaque personne mais de façons différentes et nos degrés de réaction seront différents. Chaque comportement qui en résulte est unique.

Une beauté angélique

Comme une chanson, qui dise « Tes études ont fini, ton travail, ton avenir. » c'est ainsi pour Gabriel aussi, il a mis fin à ses études même si un jour ou un autre une occasion d'étudier se présentera mais à ce moment précis, il devait se concentrer sur son travail qui était une priorité capitale. Il devra faire de son mieux, se surpasser en tout pour avoir un bon rendement qui contribuera en revanche à un avenir meilleur.

Il a consacré tout son temps à son travail, l'ambiance n'avait qu'une petite partie dans sa vie, de jours et nuits et le weekend end, son travail, son rendement. Avec ses collègues, les blagues passent de temps en temps mais son état émotionnel était au bas niveau.

Le jour ou tout a été basculé dans sa vie amoureuse, une soirée inattendue mais comme les autres. C'était une visite de courtoisie à son ami d'enfance Emmanuel qui était venu rendre visite sa famille accompagnée par sa femme Assoumpta, ses deux fils et la petite sœur de sa femme ''Angélique''. C'était une belle fille de beauté ainsi que de bonté, une fille élançait et d'une sourire extraordinaire. Elle n'était pas trop âgée, son regard charmant lui a fait perdre les pédales. Une simple présentation lui suffisait pour entamer des discussions par groupe et comme Emmanuel connaissait qu'il était encore célibataire, c'était une grande occasion de lui connecter indirectement avec Angélique et sa grande sœur souhaiterai les voir un jour ensemble.

Durant une semaine de leur séjour, il n'en ai ratée aucune occasion, presque chaque soir, d'une façon ou d'une autre leurs routes se croisèrent. Un certain après midi, accompagnée de sa grande sœur, elles sont venues rendre visite sa mère, compte tenu de ses habitudes, son éducation et son comportement, elle était candidate comme une future épouse même si son impression ne soit pas la réalité.

Accompagnée de son beau frère Emmanuel, ils sont venus lui dire au revoir, à l'aide son téléphone portable mais avec une caméra de qualité inférieure, il a pris une photo d'elle qui restera gravée sur le tableau de son téléphone mobile ainsi que sur la mémoire de son ordinateur. Une courte conversation a eu lieu terminant par une échange de numéro de téléphone ce qui lui a permis de l'appeler souvent parce que elle aussi durant cette petite séjour, est partie avec un sentiment d'être appréciée ou aimée par son entourage.

A partir de ce jour, la communication entre lui est devenue meilleur, il ne pouvait pas dormir sans l'appeler même si elle était à la fin de ses études mais elle faisait en sorte que leur communication reste stable.

Deux mois plus, il est nommé directeur, un grand avantage dans sa vie si il devrait changer de milieu et d'ami mais avec un moyen de transport qui sera assigné à son nom, presque tous les weekend il prendra place à côté de sa famille .Dans une période de six mois ,deux ou trois occasions dont il a saisi ,ont renforcé leur relation amoureuse de façon profonde sans lui redire ,elle avait annoncé à sa mère qu'elle lui aimait ,il ne restait que quelques jours avant que il aille chez elle la rendre visite aussitôt que ses études prendront fin.

Une coutume de notre pays pour les lauréats de fin d'étude de passer deux semaines a un mois dans un camp de formation sur patriotisme ainsi que d'autres valeurs nationales.

Le soir de son retour dans sa famille, elle lui a envoyé un message en lui disant qu'elle avait une mauvaise nouvelle à lui annoncer, elle ne pouvait pas attendre même une seconde. Il lui a appelé sur son portable, elle a tout lui expliqué qu'elle a été agressée sexuellement le soir de leur clôture par un de ses chefs responsable. Elle a insisté qu'elle soit pardonnée et l'appel a été interrompu.

Pendant la nuit, il ne savait pas quoi à faire, il a manqué du sommeil jusqu'à lobe mais une décision est prise « Aller la chercher pour l'aider 'c'était une urgence médicale, une prophylaxie contre le VIH-SIDA et une grossesse non désirée.

Très tôt le matin, il a essayé de disponibiliser tout son temps et des moyens nécessaires dont il aura besoin. Il a essayé de l'appeler pour qu'elle vienne et elle a accepté, vers midi, elle lui a confirmé encore qu'elle viendra tôt ou tard mais une heure plus tard, elle lui a envoyé un message pour lui annoncer qu'elle ne viendra pas. Gabriel était choqué, connaissant l'ampleur du danger dont elle s'en enfonce et il s'est précipité d'aller chez elle, c'était son seul espoir qui reste mais en y arrivant, elle n'était plus là, elle était partie chez sa tante maternelle, essayant tout moyens de communication mais en vain. Triste de nouveau malgré ses efforts fournis pour l'aider, la façon dont elle ne voulait pas au moins lui donner une chance de l'aider à se protéger et tous ses efforts sont tombés dans l'eau.

En rentrant chez lui, il était vraiment furieux et fou de rage, les échecs encaissés ce jour là, les problèmes survenus au travail à cause de son absence, le temps perdu, les moyens utilisées inutilement mais le plus grand problème était la vérité, c'était comme si on poignardait encore dans une plaie non encore cicatrisée, de déception en déception, c'était assez, il ne pouvait pas continuer dans ce sens.

Le lendemain, il a essayé de sauver la situation mais son effort n'abouti à rien, des appels, des messages et des messages vocaux sans réponse. Le soir, assis dans son salon, après une longue durée de méditation, vu la façon dont elle lui a déstabilisée et il ne voulait pas continuer à être malheureux, il a pris la décision de rompre avec elle, un message bien structuré mettant fin à leur relation amoureuse et la souhaitant une chance dans sa vie.

C'était une difficile décision qu'il a pris mais c'était nécessaire à le faire, une décision qui lui a brisé le cœur lui aussi, il ne voulait pas la perdre mais il voyait que ses pansées sont encore immatures ou peut être qu'elle ne voulait pas une relation sérieuse.

Alors que dès le début, elle ne voulait pas décrocher son téléphone, en voyant le message, elle a directement appelé sans hésiter en lui disant de lui pardonner de tout ce qu'elle a fait pour lui, c'était des mensonges, elle voulait lui tester que il l'aime vraiment mais c'était une idée de son amie Nathalie

Il lui a dit que c'était trop tard même si il la pardonne de tous ce malheur qu'elle lui a infligé mais la décision, difficile qu'elle soit, est prise et il ne pouvait pas y revenir ci-dessous. Avec l'aide de son amie Nathalie, elle a essayé de lui convaincre mais c'était fini et c'était sa faute, de la conseiller inefficacement, il était désolé.

Toute actes doivent avoir un responsable, si ce qu'elle avait fait que ça soit son idée ou de son amie, était grave dans ses yeux mais n'exclut pas que il l'a brisée le cœur, elle a passé des jours en pleurant, il ne pouvait la consoler autrement que la laisser s'effondre dans ses pansées, en la perdant, il a sauvé son travail, son avenir.

En la perdant, il a perdu ses contacts, si par hasard, il avait des personnes à contacter en cas de besoin pour se renseigner, il lui a fallu quelques mois pour se remettre même si les cicatrices persistent toujours.

De l'accident à la fondation d'une famille

Lors d'un certain weekend de la fin du mois, Gabriel a quitté son poste de travail pour se rendre dans une petite ville près de chez lui à une distance de 12km. Comme il habitait dans un milieu rural, une motocyclette était son moyen de déplacement efficace et ce jour là, il s'en est servi pour se déplacer avec son ami, une durée de trois heures était nécessaire pour terminer ses courses et prendre le chemin de retour. La nuit avait tombée, dans une obscurité terrible, il ne tient qu'à l'éclairage de sa motocyclette. En arrivant à mi-chemin de la maison, d'une façon brusque ,une panne totale de leur rafale d'éclairage, une perte de contrôle irréversible ,la moto a basculé de gauche à droite finissant de tomber dans un rigole ,une perte de connaissance immédiate mais au bout de quelques secondes mais en reprenant l'esprit, il remarquera la gravité de ses blessures au niveau du visage, de la bouche divisée en deux, des traumatismes dentaires ainsi que des autres écorchures sur les bras et la jambe. En se contentant de peu de force qui lui en reste et temps qu'il faudra au secours d'y arriver ,au moins une vingtaine de minutes en fonction des appels reçus de la part du service des urgences et sachant ces différents modalités pratiques ,il a pris la décision se conduire lui-même et quelques minutes plus tard, il est admis dans un milieu hospitalier pour sa prise en charge. En y arrivant, sa prise charge a été assurée par un de ses amis qui a suturé ses multiples blessures au niveau de la bouche, des labiales inférieurs, sur la joue et aux bras même s'il a peur des surinfections, un vaccin antitétanique ainsi des analgésiques ont été administrés pour enfin rentrait chez lui se reposer après ce dure journée.

Un repos stricte d'une semaine avant son rétablissement puisque il ne pouvait pas manger et mâcher facilement seul les boissons tel que le lait, du thé ainsi que le potage étaient les seuls repas prévisible. Pour une personne ayant l'habitude de travailler toute la journée et on l'oblige de s'arroger dans son lit tous ces jours, sans quitter son salon mais il en profita pour s'approfondir dans la lecture ainsi que sa concentration dans la prière a été la meilleure.

Deux mois avant son accident, il avait eu la chance de rencontrer Lucie, la nouvelle infirmière qui devrait remplacer Bosco qui était parti ailleurs. A sa première vue, il était impressionné par sa franchisse, son honnêteté, sa beauté et bonté. A ce mois de juin, ce n'était pas la dernière engagée à cet institution par contre elle était avec Emma, l'autre fille de taille moyenne belle aussi et qui vivait avec Lucie puisqu'elles ont eu la chance de se rencontrer avant leur affectation.

Le lendemain matin lors du staff matinal, elles ont été informées de son accident et c'est à ce moment que Lucie s'est dépêchée pour voir comment il se sentait et lui dire condoléance et après elle est retournée au travail. Le soir, elle est revenue voir s'il a pu boire du lait ou du thé et voyant que le garçon qui était avec lui ne savait pas préparer du potage, elle a pris l'initiative de lui préparer le repas du soir .Presque tous les jours, elle se sacrifia pour venir à son aide ainsi que faire des pansements de ses blessures. Cet aide extraordinaire a contribué à un rapide rétablissement. A tous les occasions, il la regardait dans les yeux, ce n'était pas une simple action de terminer ses tâches quotidiennes pour venir le voir mais une affection, un amour sincère comme si c'était sa vie qui était en danger. L'odeur de ses plaies ne la découragea pas mais au contraire son courage était de le voir bientôt rétabli sans aucune récompense de retour.

De temps en temps, une idée est revenue dans sa tête, cette fille Lucie, c'était la fille idéale dont il rêvait d'avoir comme femme, une personne qui sera là pour lui dans les souffrances que dans les bons moments. Malgré tant de connaissances qu'il avait, personne d'autres n'est venue lui soutenir sauf Lucie malgré ses responsabilité, elle était toujours à côté de lui et elle avait conquis son cœur sans le savoir et Gabriel a pris la décision de lui annoncer cette nouvelle même si il avait peur que sa requête peut être rejetée ou mal apprise.

Le lendemain dans la soirée, son état de santé a subi un rétablissement remarquable, il peut faire une marche et manger tous les aliments mais lentement, la cicatrisation de ses plaies était visible même à l'œil nue, comme d'habitude, elle est venue lui préparer le repas du soir et faire le pansement de ses blessures. Gabriel était assis dans le grand fauteuil entrain de lire un roman mais son regard et son esprit était ailleurs, son absence inquiétait beaucoup Lucie et elle a essayé de lui approcher pour savoir ce qui ne va pas mais sans dire beaucoup de choses Gabriel l'a interrompu en disant :

-Je voudrai prendre cet instant présent pour te remercier ton aide, ton temps que tu as consacré à ma vie, ton amour et tu t'es surpassée pour que je sois en bonne santé, je ne sais pas comment peux –je te remercier, tu as marqué dans ma vie une présence inoubliable et je ne veux pas te perdre, je veux être avec toi toute ma vie je t'aime.

-Après une minute de silence, Lucie, étonnée de tous ce que Gabriel venait de lui annoncer, d'une voix calme ;

-Je ne sais pas quoi te dire maintenant, en le faisant c, était d'abord mon devoir de te voir se rétablir bientôt même si aussi au fond de moi, c'était plus que mon devoir, c'était comme si une partie de moi souffle, être à côté de toi, moi aussi m'a rendu heureuse. Dès mon arrivée, tu a été la pour moi excepté que tu te présentes bizarre et désintéressé devant nos collègue mais au fond de toi ,je crois que c'était le contraire puisque en dehors du travail, tes sentiments étaient si visibles par tous nos amis ,je ne veux pas continuer à souffrir en te cachant que j'ai des sentiments pour toi aussi même plus que toi et je vais être à côté de toi toujours parce que je t'aime.

Elle s'est retournée vers lui sans tenir compte de ces plaies sa la bouche en pleine cicatrisation, un baiser prolongé sans une autre arrière pansée rien que l'amour. Ce soir la, une reprise de forces et de courages ont traversé son corps et le lendemain matin, il a repris le travail même si ce n'était pas toute la journée mais au fur et à mesure qu'il exerçait tant d'effort et son rétablissement était vite atteint.

L'amour a grandi de jour en jour et huit mois plus tard, ils ont commencé à franchir certaines étapes en officialisant leur amour et prendre la voie du mariage tel que quelques présentations dans leurs familles respectives. Il se souvient du jour où il a accompagné Lucie visite sa tante maternelle tout près de chez elle ainsi que sa grande mère maternelle. Ils ont été bien accueillis, ça a été une grande joie pour cette famille et pour eux aussi. Lucie a pris son temps suffisant de présenter à sa famille Gabriel et vis versa pour Gabriel de connaitre la leur.

Une semaine plus tard, c'était à son tour d'aller la présenter dans sa famille, c'était une grande surprise pour ses parents, il y avait longtemps qu'il n'avait jamais osé se présenter avec fille ou soit disant une proche mais son heure avait sonné.

Cet après midi vers 14h30, sa mère a été surprise de les voir débarqués, elle était au courant de sa visite mais seul depuis qu'il a débité son nouveau travail et même après ses études, elle avait commencé à s'inquiéter pour son garçon qui avançait en âge sans panser à se marier un jour et afin elle est soulagée.

-Sa mère a commencé à les accueillir et comme c'était la première fois qu'il débarque avec Lucie, il était évident qu'il fasse sa présentation.

-Maman, excuse moi de débarquer comme ça sans prévenir, je ne savais pas comment la présenter au téléphone mais j'ai jugé bon de vous la présenter en personne, elle s'appelle '***Lucie***',c'est ma fiancée, nous avons tant de projets ensemble si vous nous accordez votre bénédiction !

-Merci, mon fils, je suis heureuse de vous voir ensemble et même si c'est la première fois que Lucie vienne ici, j'ai l'impression à sa première vue que vraiment tu as trouvé la femme idéale de ta vie et ma bénédiction est inévitable mon fils, félicitation pour ce grand pas que tu viennes de franchir.

-Ma fille Lucie, je suis heureuse de te rencontrer, soyez la bienvenue toujours, ici c'est comme chez vous, n'hésite pas à nous rendre visite n'importe quand, je sais que mon fils Gabriel des fois, il manque des occasions ou la volonté de venir mais toi, j'espère que tu vas le pousser souvent à venir ensemble et ou toi seul au cas où il ne sera pas disponible.

-Merci beaucoup de m'accueillir dans votre famille je n'hésiterai pas à venir vous rendre visite avec Gabriel ou moi seul je vous le promets.

-Merci beaucoup maman, nous viendrions à toutes les occasions, je sais que Lucie me forcera et m'accompagnera toujours à venir voir en plus je ne serai pas seul dans ce chemin long et fatiguant. N'est ce pas mon amour !

-Mon fils, j'espère que tu rentreras après avoir la présenter à ton père, tu sais ou le trouver, je t'en plie. Leur accueil continua avec ses sœurs, c'était merveilleux.

Vers 17h00, ils sont arrivés à l' endroit ou se trouvait son père, il était assis à côté de ses amis de famille Laurent et Marc, en arrivant, tous ensemble étonné de voir son fils avec une fille dont ils ne connaissaient pas dans leur famille ou dans leur entourage. Le moment de vérité était enfin arrivé. Ce n'était pas une fille comme les autres, elle est différente, elle, une splendide, superbe, belle, élégante, d'une générosité sans égale et un cœur avec une bonté extraordinaire. Après avoir pris la place, ce vieux Laurent, exclamait en disant que le bon moment est afin arrivé, ta belle fille dont tu attendais assez longtemps. Voyant que leur curiosité devenait de plus en plus grande, il en a pris la parole en disant :

-Comme vous le voyait vous aussi, après une durée assez longue seul et je ne suis pas un petit garçon, il faut que dans les jours à venir, je fonde une famille pas avec n'importe qui mais avec cette magnifique illuminée jeune fille Lucie dont le reste de mes jours est à ses côtés.

-Une crie de joie rebondisse dans cette salle dont cet accueil chaleureux tenait place, personne n'avait rien à ajouter sauf un applaudissement et un encouragement de ce pas décisif franchi dans sa vie. Une commande d'un poulet grillé et beaucoup de boissons alcoolisés et non alcoolisés ont été servis comme si c'était dans une petite fête.

Des discussions de reconnaissance ont continu jusqu'au moment ou son père apprenne que Lucie a étudié au Groupe Officiel qui était le même école que son père avait fréquenté, c'était un grand atout, à part de la science mais aussi c'est école dispense et aide à acquérir des vraies valeurs de la morale d'un homme ou une femme intègre.

Les encouragements ont continu en lui rappelant qu'il a pris une bonne décision et de ne pas gâcher cet opportunité en or, leur soutien et accompagnement étaient capital pour lui pour que son rêve devienne une réalité le plus tôt possible.

Plus les jours avancent, plus on entre directement les préparatifs de mariage, un consentement mutuelle entre les deux familles respectives a eu lieu et on attend que l'été qui vienne pour le mariage de leurs enfants.

Selon leur préparatif, le mariage civil ainsi que la dote aura lieu le même jour, le 30/07, un pas comme les autres, dans un costume noir et une chemise blanche avec des lignes bleus croisées et Lucie dans une robe vert paume, des chaussures de haut talon, toute sa famille de près et de loin avec des amis et connaissance, il était de même pour lui aussi, dans cette salle devant l'Officier de l'Etat Civile ou se déroulera leur mariage.

Après ce mariage, une autre cérémonie aura lieu dans sa belle famille, la dote 'ou les représentants familiaux discuteront afin d'accorder la main de leur fille à leur garçon. C'était une fête proprement dite de sa belle famille, une cérémonie incontestable en qualité de son accueil, de son organisation et de son service. Après que les coutumes prévues par la tradition ont eu lieu.

Une semaine plus tard ,06/08, une journée spéciale qui mettra fin à leur vie de célibataire. Un mariage religieux est prévu à la paroisse Notre Dame de Lourdes, une messe qui sera présidé par un de ses confrères du petit séminaire qui est devenu prêtre, Père Michel, sous un soleil ardent, de vent qui souffle lentement. Très tôt le matin, il avait quelques courses à faire mais pas loin de chez lui, et la messe est prévue 13h00, il avait terminé ses préparatifs avant 11h30, sa famille était présente en attendant les voitures destiné au transport des mariés mais ces derniers étaient en retard de 15 minutes faute de mauvaise décollation. Dans un cortège spécial, leur première destination était vers sa belle famille pour prendre sa future épouse, Lucie était stressée de leur retard mais à peine arrivé, une séance des photos de souvenirs était prévue mais avant leur départ, sa belle mère devrait les servir du lait comme leur coutume l'exige.

Ce retard persiste encore mais ils en avaient prévenu le curé de la paroisse Notre Dame de Lourdes. A peine arrivés, la chorale ainsi que les prêtres leur attendirent devant l'église pour leur accompagner dans un cortège digne de leur événement devant l'auteur et la messe n'a débuté qu'immédiatement. Le moment le plus attendu de tous le monde, le moment des serments et de leurs vœux. Après tant de question et réponse et selon leur volonté sans aucunes influences de l'autre en disant :

-'Moi Gabriel je te reçois comme épouse toi Lucie et je te promets de te rester fidèle dans le bonheur et dans les épreuves, dans la santé et dans la maladie, pour t'aimer et te chérir tous les jours de ma vie

Après c'était le tour de Lucie

- Moi Lucie je te reçois comme époux toi Gabriel et Je te promets de te rester fidele dans le bonheur et dans les épreuves, dans la santé et dans la maladie, pour t'aimer et te chérir tous les jours de ma vie

Ce serment a mis fin à tant de déception amoureuse de sa vie et a débuté une nouvelle ère.

Un applaudissement a retenti dans tous l'église, quelques félicitations ont été adressées à eux avant de continuer la messe. Au moment de l'offertoire, c'était à leur tour de se tenir débout devant l'assemblée afin de collecter tous les dons en guise de remerciement au Seigneur. Au moment de l'action de grâce, une animation à l' extrême de la part de la chorale Le Bon Berger, toute l'assemblée débout, dans une ambiance incomparable d'une voix

Oui, Seigneur tu es bon ♫♫♫♫♫♫♫, oui Seigneur tu es ma force ♫♫♫♫♫♫♫, Oui Seigneur tu es bon♫♫♫♫♫♫♫, Alléluia ♫♫♫♫♫♫♫♫♫♫♫♫♫♫♫♫♫♫♫♫♫♫♫♫

Après la messe, ils ont pris quelques minutes de salutations et félicitations de la part de leurs familles respectives, leurs amis et connaissances, en vue de gagner du temps. Leur timekeeper avait dépêché tous les participants à leur séance photogénique de toute leur famille et quelques amis au le jardin de l'hôtel Méridien pour une durée de quarante cinq minutes et ensuite un vin d'honneur est offerte aux invités dans le jardin du SOS Children's Village.

Une ambiance animée par un ancien chanteur reconnu par ses chansons d'amour avec un rythme charismatique et d'une danse pleine de joies et d'émotion. Une famille heureuse est fondée malgré quelques circonstances qui ont perturbé leur vision mais leur famille a été bénie d'avoir de la famille qui la soutienne, des amis ainsi qu'au fur du temps, ils ont mis au monde deux garçons et une fille.

Une tentative inattendue

Quatre ans après son mariage, sa mère est tombée malade d'une maladie inconnue mais au fur du temps grâce au progrès de la médecine, tant d'examens ont été réalisées et une découverte fortuite d'un cancer « Myélome multiple », tumeur souvent cancéreuse de la moelle osseuse. C'était au stade avancé malgré les efforts fournis pour la sauver en pratiquant surtout la chimiothérapie et la radiothérapie, sa maladie l'a emportée.

Au cours de ses derniers jours dans un Centre Hospitalier Universitaire, tant d'amis et connaissances passèrent souvent la voir et apporte leur soutien dans les épreuves pareilles. Sa mère était pour lui, une personne extraordinaire, il ne pouvait pas trouver des mots propre à la décrire et c'était pour cette raison qu'il a pris son congé annuel pour essayer de l'accompagnée dans les peu de jours qui restèrent pour elle. Sa femme Lucie a été présente pour lui et pour sa belle mère dans son soutien que ça soit de jour ou de nuit, il en ait tellement reconnaissant. Avec l'aide de tous, il a pu y parvenir jusqu'à ce matin rempli de ténèbres et de pleurs unquantifiable du 05 Septembre à 4h30 du matin que sa mère adorée a rendu son âme. De jours et nuit durant les trois derniers jours, il ne quitta sa mère même une seconde toujours à côté d'elle jusqu'à son dernier soupir. C'était une terrible nouvelle à annoncer aux gens qui la connaissait mais avec des nouveaux moyens de communications, d'une seconde à l'autre, une nouvelle se diffuse au monde entier et c'était le cas pour Chloé, mariée aussi et mère de deux enfants. En apprenant la mort de sa mère, elle a essaye de lui contacter malgré tant d'années avec rupture de leur communication entre eux. Son numéro de téléphone était nouveau pour lui pourvu que les appels dont il n'a pas pu décroché à ce moment y figurent aussi puisqu'il avait pris une heure de calme et concentration à l'égard des événements à venir. Elle s'est précipitée à l'hôpital dans ce matin et avec tant d'autres personnes, leur soutien était capitale pour lui et sa famille. Le lendemain matin, des obsèques et l'enterrement ont eu lieu, elle était présente aussi comme les autres collègues de sa promotion, collègues de travail ainsi que tous les amis et connaissances de la famille. Pendant ce temps de deuil, Chloé s'est montrée très attachée à la famille et cela ne fait qu'augmenter les mois qui ont suivi puis que ses appels ont pris une ampleur terrifiante. Pendant ce temps, Gabriel cherche des moyens pour l'écarter de son chemin mais il ne savait pas réellement d'où elle tire sa motivation de continuer ainsi. Un jour, elle lui a appelle en disant qu'elle avait un grand problème dont elle a besoin de son aide et offrir une aide à une personne en danger c'était le moindre des choses que il puisse faire pour elle. Les heures de travail étaient terminées, elle était tout près de l'arrêt de bus avec son fils Michel, celui-ci avait eu un accident en jouant à la maison et une fracture au niveau du coude gauche s'est produite. En voyant ce petit garçon souffrant, une seule question est venue en tête et sans hésiter il pose à Chloé une question en disant qu'il n'était pas la personne idéale à appeler, seulement son mari.

-Appelle ton mari, c'est le père de ton fils moi je ne suis qu'une simple connaissance

-Si mon mari était capable de faire un petit geste, je ne tarderai pas à le faire mais au contraire ma vie est en désespoir, une vie sans goût, mon mari est un ivrogne même avant mon mariage il en était et je n'étais au courant. Peu de fois que je l'ai vu avant, il était fantastique et il apparaissait responsable, riche et personne ne pouvait résister à son charme. Notre amour était un coup de foudre, dans un mois tout était fini. De ma part, j'étais à la hâte de me marier sans aucunes conditions. Le premier mois de miel était merveilleux mais après la vie est devenu un enfer et je me demande comment aujourd'hui j'ai pu mettre au monde deux enfant dans de telle situation, je ne sais rien de lui même un sou de dix francs. Je suis une femme malheureuse. J'ai regardé au tour de moi et je n'ai trouvé personne à me confier sauf toi et la pure dans tout ça, ma famille ne possède pas d'assurance maladie et pas d'argent, mon enfant va mourir sans se faire soigner, il est la victime de mon manque de discernement, de mon égoïsme et me voilà à la fin.

-Jusqu'à maintenant, je n'ai aucune solution à tes problèmes mais je peux essayer à aider ce pauvre garçon même si je ne sais pas si je réussirai à le faire soigner. As-tu des photos passeport de lui, je vais essayer de payer son assurance maladie en espérant que ce bras reprendra ses fonctions bientôt mais avant tout on doit la conduire à l'Hôpital pour les soins d'urgence.

Deux jours plus tard son assurance était disponible, comme on avait commencé à traiter sa fracture, c'était le jour décisif pour sa guérison, une opération chirurgicale était prévue et tout les modalités financières étaient en place le reste est dans les bras des médecins.

L'enfant est sorti de l'hôpital trois jours plus tard mais sa suivie continuera dans un délai de trois mois y compris des séances rééducation en physiothérapie.

Après sa guérison, Chloé a essayé de renforcer leur relations avec Gabriel mais dans le but de combler ses vides ou manque d'affection mais au contraire de sa part, il ne veut qu'une relation professionnelle, il est marié à Lucie, il ne veut pas trahir leur confiance en aucun cas à jamais.

Voyant ses intentions, il a pris des précautions en réduisant ses contacts ou en rejetant ses appels mais par surprise à l'occasion de l'anniversaire de Germaine, leur collègue de banc, Gabriel était persuadé qu'elle ne viendra pas mais vers la fin de la fête, elle s'est présentée parce que Liliane l'avait prévenue de la présence de Gabriel. En entrant dans la salle, après avoir servi un verre de vin et salue tout son entourage, elle s'est précipitée à côté de lui et d'une voix si triste

-Le moment est mal choisi pour te dire ce que j veux mais au moins accepte quelques compliments dans cette fête, je cherche toujours des occasions idéals pour essayer de te remercier tout ce que tu as fais à mon fils lors de son accident, tous les efforts et sacrifices que tu as fourni mais pour des raisons dont j'ignore encore, tu n'acceptes plus m'adresser la parole ou tout simplement tu cherches à m'éviter.

-Gabriel n'avait de choix, il accepte qu'il cherche à l'éviter pour des raisons dont elle connaisse elle aussi, leur communication doit rester professionnel car il est marié ainsi que Chloé aussi, il ne veut pas trahir la confiance de sa femme ainsi celui de son mari et il espère que elle comprenne l'ampleur de ses actes.

-Tu sais, en te voyant je perds les pédales et selon ma situation familiale en comparaison avec le sien, je vois que j'ai eu tord mais je t'aime encore et tu es présent à mes côtés toujours pour m'épauler mais ne me rejette pas, essaie de comprendre, accorde moi une troisième chance !

-Mais tu as fais ton choix et j'en fais le mien même si dans la tienne, il y a tant problèmes, la décision que tu cherches à prendre ne fait que empirer la situation, je t'en supplie, panse à ton serment pour ton mari qu'il soit psychologiquement malade, il reste ton mari à aimer toute ta vie et à tes enfants.

-Des leçons de moral, j'en ai assez et la décision que j'ai prise était à la fois la tienne, tu sais que tu m'as rejetée deux fois en refusant de me marier avec moi ou d'accepter mon idée de tomber enceinte de toi, toujours tu trouves des excuses de m'abandonner mais j'ai besoin de ton aide de plus aujourd'hui, ne me laisses pas seule encore ?

-La conversation est assez longue dans cette fête d'anniversaire, laissons à côté nos divergences et on en discutera un autre jour, fêtons l'anniversaire de Germaine.

-J' espère qu'un jour tu comprendras que je ne veux pas gâcher ta vie seulement améliorer la sienne.

Bien qu' il avait promu à elle qu'ils en discuteront un jour mais cela n'était pas une tâche assez facile puis que lors de leur rencontre, elle se comporte comme si elle était encore amoureuse de lui et cela était une injure à son égard, il avait pris la décision et tourné la page en épousant Lucie, c'est elle femme de sa vie, il ne peut rien faire contre sa conscience et ,elle, ne semblait pas baisser les bras, elle cherche toujours par tous les moyens possible, la possibilité de croiser leur chemin encore sans tenir compte des conséquences y relatives.

Afin de compte, un rendez vous qu'elle n'espérait pas, a eu lieu dans un café-resto au centre ville, par surprise, elle était de passage et ce jour là, il n'était pas au service comme d'habitude, les jours de congé il en profite pour faire des courses. En entrant dans la grande route, elle aussi venait d'y entrer mais de sens contraire, leur regard se croise, un arrêt de quelques secondes s'impose mais leurs sentiments finissent à l'aboutissement d'un acte héroïque qui n'était que le rappel d'une irrésistible force d'attraction mutuelle avec une salutation sans une autre idée de leur arrière pansée mais aussi d'une maitrise absolue. Comme il n'était pas souhaitable de rester assez longtemps dans la rue, une idée magnifique de Gabriel d'entrer dans ce café-resto du centre ville en face d'eux prendre un café fort ou du thé pour en discuter quelques minutes mais comme elle était pressée, elle est partie au bout de cinq minutes mais leur rencontre aboutisse à un autre rendez dans un délai assez court que ça soit.

Comme Gabriel avait promu a Chloé de se revoir bientôt, deux semaines plus tard, il a essayé de la contacter et sans réponse, une information lui parvienne que Chloé était à l'hôpital dans le service de chirurgie et elle devrait y passer deux semaines .En apprenant cette mauvaise nouvelle, Gabriel s'est précipité à l'hôpital pour la rendre visite. A ce moment qu'il a appris que ce soir là son mari est rentré tard et ivre mort comme sa femme ne le supportait plus ,elle a perdu le control , le dispute a éclaté et en prenant la fuite, elle a dérapé des escaliers, d'une simple cri, déplacement et gonflement au niveau du cheville gauche , impotence fonctionnelle s'installent ce qui a motivé sa consultation vers le service des urgences. Une radiothérapie exploratrice a révélé une fracture suivie d'une luxation au niveau de la cheville, une opération chirurgicale ainsi un plâtre pour immobiliser son pied pendant au moins trois mois avant d'entamer des séances de physiothérapie mais avant tout elle devait passer dans tous les trois jours afin de changer ses pansements.

De retour à la maison, elle était furieuse contre son mari mais aussi sa part de responsabilité, elle avait perdu sa maitrise de soie mais au contraire son mari n'était pas à la maison et son chagrin n'avait aucune importance. Même si Gabriel ne pouvait pas la blâmer dans cette état qu'elle en est mais sa manque de maîtrise de soie restera toujours un grand défis pour les jours à venir.

A chaque occasion, il la rendra visite pour essayer de la conforter mais son bon cœur ne fait qu'aggraver la situation amoureuse de Chloé qui prétendait que Gabriel avait repris connaissance de leur amour et qu'elle était prête pour en profiter d'avantage mais au contraire c'était des illusions, cet amour dont elle rêva d' avoir était quasiment inexistant chez Gabriel qui avait pris ses précautions avant pour ne pas s'y en enfoncer dans cette erreur.

Au cours des jours suivant, Gabriel a cessé ses visite faute de manque d'occasion à cause du travail et Chloé reprenne connaissance que l'amour dont elle espérait trouver chez son ami reste toujours un grand rêve et selon sa détérioration de son mariage, elle a pris la décision de divorcer avec son mari pour quitter le pays avec ses enfants afin de laisser derrière elle des dures épreuves et tous ce temps de malheurs qu'elle a enduré.

Trois ans plus tard, une téléphone a sonné comme ce numéro qui appelle n'était pas enregistrer ou familier à Gabriel, il a pansé à la laisser tomber mais à la fin il a décroché, une voix familière apparaisse sans hésiter, il la reconnaisse, c'était la voix de Chloé, elle était venu en vacance à l'occasion du mariage de sa petite sœur Yvette et une discussion de plus de cinq minute à cette retrouvaille inattendue.

Une trentaine d'échanges d'appel entre eux ont eu lieu durant sa vacance d'une semaine, toujours elle lui rappelle qu'elle lui aime encore qu'elle est prête pour faire en sorte leur amour soit comme avant et cet à ce moment que Gabriel a découvert qu'elle avait divorcé de son mari. Tous les rendez vous qu'elle a pu organiser étaient rapportés à la dernière minutes sans une rencontre réussi. Sa vacance a pris fin, elle est retournée dans son pays de résidence avec un espoir d'une rencontre vis-à-vis à la prochaine occasion.

Une retrouvaille avec Antoinette

Treize ans plus tard après ses études à l'étranger et les même années sans nouvelle d'Antoinette, Gabriel avais perdu ses contacts et elle n'avait pas les siens elle aussi. Il avait essayé de chercher ses contacts à l'aide des amis et connaissance sans succès. Un jour d'une tentation inespérée sur facebook en contactant son frère Eloge, Gabriel a pu accéder au numéro d'Antoinette et en la contactant, il créa une grande surprise inattendue.

Pendant ces longues années, treize ans passés sans contact, tant de changements avaient eu lieu que du côté de Gabriel que de celle d'Antoinette. Pour Antoinette spécialement, un changement radicale dans sa vie a eu lieu, lors de leur rencontre, elle était désespérée, sa vie n'avait pas de sens et aujourd'hui dans une nouvelle orientation, elle est mariée et le Tout Puissant l'a bénie, elle a trois enfants dont deux filles et un garçon, elle a un contrat de travail indéterminé.

En voyant le message de Gabriel, elle n'a pas voulu répondre, elle était en doute quasi-totale, elle n'espérait pas qu'un jour, elle aura l'occasion de connaitre ses nouvelles. Gabriel avait envoyé tout les détails pour qu'il ne lui confonde pas avec aucun autre mais une preuve irrévocable était nécessaire avant qu'elle reprenne la conversation, sa photo.

Elle était tellement heureuse que leur connexion soit rétablie de nouveau mais aussi cette connexion a fait revivre le passé. Toute les fois qu'elle pansa à leur amour, du temps qu'ils ont passé ensemble et retombe dans leur passé. Au bout d'une semaine, leur discussion était interrompu par des moments de pleur, elle n'arriva pas à se maîtriser même si c'était au téléphone. Un jour, elle lui a envoyé un message en le promettant qu'elle était prête à lui raconter en peu de mot son chemin de croix.

-Lors de notre dernière rencontre, en te forçant de m'oublier, je croyais que ma vie reprendra le sens et la tienne aussi, j'avais tant de surprises, te blesser de nouveau me rendrai coupable tout au long de mon séjour sur terre mais j'ai laissé mon passé derrière mois pour une durée d'une année avant que je croise mon époux. J'avais pris la décision d'épouser n'importe quel homme qui s'intéressera à moi et c'était le cas pour un jeune militaire qui passe souvent à jouer au piano pour notre chorale. Un jour, il est tombé malade et hospitalisé à l'hôpital pendant un mois, et je me suis portée volontaire pour sa garde parce qu'il n'avait pas de famille de s'occuper de lui. Six mois plus tard après sa guérison, il m'a demande au mariage, je n'avais pas de choix que d'accepter et personne d'autre n'était intéressée à moi après notre rupture sauf lui. Après avoir accepté, on a fixé la date de notre mariage et a eu lieu deux mois plus tard. Avec lui, nous avons la chance d'avoir un garçon et deux filles, un travail et la vie va en merveille.

- Je suis ravi que ta vie malgré la déception, a un sens, tu t'es mariée, tu as du travail et Dieu t'as bénie en te donnant des enfants, la vie est devenue qu'une rose.

- Je le sais mais tu ne peux pas comprendre, jusqu'aujourd'hui je panse souvent à toi, notre amour et même mon mari n'est pas au courant de rien sauf toi. Tu te souviens du moment où tu as vu que j'étais enceinte. Tu m'a acceptée sans tenir compte des circonstances ou avec qui cette grossesse est survenue, de jours en jours, tu as cherché avec tous les moyens la façon de m'épouser le plus tôt possible, le chagrin et la solitude que tu as enduré au moment de mon évasion jusqu'à ce que je t'annonce la nouvelle de la fausse couche. Jusqu'à maintenant, tu es le seul confident dont j'ai dans ma vie, j'aurai souhaité que vers la fin tu deviennes mon époux parce que c'est toi seul qui connaisse toutes les secrets de ma vie dès le début jusqu'aujourd'hui mais en vain nos chemins ont pris des directions divergentes même si a la fin je me suis rendu compte que j'ai commis une erreur de te laisser partir seul sans moi et si la vie m'offre une deuxième chance, je suis prête à la saisir sans condition.

-Mais, je ne comprends pas de quoi tu parles puis que tu es mariée et mère de trois enfants, en plus moi aussi je suis marié ?

-En te disant cela, je n'ai pas oublié que nous sommes mariés tous les deux et je ne veux pas que nos familles soient en détresse mais au cas où tu seras prêt à m'aider d'une façon ou d'une autre de surmonter ce chagrin et ton absence qui existe encore dans ma vie, je serai prête à accepter. Un jour après ton départ, une idée est passée dans ma tête celle d'avoir un enfant avec toi. C'était une idée assez bizarre mais en réalité sa valeur était primordiale et je serai toujours heureuse. En effet au moment de notre séparation si j'avais eu l'occasion de tomber enceinte de toi, ma vie n'aura pas de regret, cette enfant de nous deux restera un symbole de mon amour même sans que nous nous soyons mariés, je pouvais élever cet enfant seul sans envie d'un autre homme dans ma vie et j'en serai fière. Le seul souvenir qui reste toujours à côté de moi, c'est ton photo passeport. Tu me manques beaucoup, au moins une fois dans ta vie, je souhaite que tu me rendes visite afin que nous ayons une discussion qui mettra fin à mes souffrances quotidiennes, ton écoute soulagera ma conscience, je te dirai tout ce qui empêche de me sentir heureuse et tu seras mon remède.

-Je ne sais pas si avec le temps j'aurai la possibilité de le faire mais au fur et mesure qu'une occasion se présentera, j'en profiterai.

Presque chaque jour ,Gabriel réservait une heure ou plus pour discuter avec Antoinette, plus qu'il accorda à elle son intention ,plus elle se sent soulager et le temps qu'ils prenaient via watsap diminua progressivement ,sa famille retrouve du bonheur et son mari en profite puis que sa femme est devenu de plus en plus une femme responsable ,sa brutalité ainsi que son agressivité ont disparu lentement et Gabriel continua jusqu'à aujourd'hui à lui fournir son soutien psychologique pour prévenir une rechute mais d'une façon professionnelle en conservant leur famille respective.

Tu ne partiras pas sans moi

Dans son travail journalier, Gabriel nécessite des formations continues dans le but d'améliorer ses connaissances et d'être à la page dans ce monde plein de technologies informatiques et dont les rénovations sont quotidiennes. Son établissement avait prévu d'envoyer trois personnelles pour ce genre de formation dans trois pays différent aussi, la France, la Finlande et la Suède et au tir au hasard, Gabriel doit aller en Finlande. Les préparatifs ont été bien déroulés et c'était Gabriel qui devrait partir le premier.

Ce 12 décembre, dans cette après midi, accompagné de sa femme et ses trois enfants arrivèrent à l'aéroport pour un vol de 19H00 avec KLM Airlines. Sa famille était contente pour cette bourse obtenue mais son absence durant une année et demie les marqueront tous mais le plus important est l'amour sincère qui est entre eux.

En arrivant Jyväskylä au Finlande, il a été accueilli par Félix, un de ces collègues qui était parti une année avant lui et qui était à la fin de sa formation. Ils vivront dans un même appartement pendant seulement un mois puis il partira s'installer dans la ville d'Helsinki. Une semaine est passée sans sortir de son appartement comme une personne qui était habitué au climat tropical, ce changement climatique a été pour lui au premier temps un entravé mais au fur et à mesure, son intégration devienne une réussite pour le reste de sa formation. Pendant ce mois passé dans cette ville, il a pu se familiariser avec ce mode de vie étrange à lui, de basse température et de neige dont il n'a jamais eu l'occasion d'affronter dans sa vie.

En prenant un train pour se rendre à Helsinki, couvert de son grand manteau, un chapeau, un foulard qui enveloppe son coup avec des lunettes dans ses yeux. Il a pris place à côté d'une jeune femme dont son visage était totalement couvert, seuls les yeux étaient visibles. Cette femme était tellement occupée par le journal dont elle tenait dans ses mais après une trentaine de minutes après leur départ, elle l'a fermé, c'est à ce moment que Gabriel qui voulait se renseigner de plus sur l'itinéraire de leur trajet à l'aide du carte topographique qui s'y trouve.

-Peux-tu me prêter votre journal quelques minutes ?

-Tiens, amuses-toi sans même lui regarder dans les yeux.

Il a tenu ce journal dans ses mains et a commencé à consulter ce journal alors que cette femme était endormis pour une heure et demi ou plus avant que Gabriel s'en dort aussi. Ils ont continué leur trajet ensemble sans s'en adresser la parole. Quinze minutes avant leur arrivée, le téléphone portable de cette jeune femme tombe dans le côté de Gabriel et lui sans hésiter, se courba pour le récupérer et le donna à son propriétaire et c'est à ce moment que cette jeune femme leva la tête pour voir en face la personne qui vient de l'aider et le remercier.

-Merci de votre gentillesse Monsieur.

-Pas de quoi Madame.

-Mais cette voix et ton visage me semblent familier, peut être que je rêve ?

-Et moi aussi ta voix n'est pas étrange à mon oreille mais ton visage ressemble à une femme dont je connais à ma jeunesse, Inès!

-Inès, Inès est mon non aussi. Non, je rêve, Oh Mon Dieu je rêve, ce n'est pas vrai, toi, Gabriel !

-Inès? C'est toi encore ? Oh quelle surprise aujourd'hui de te voir encore !

-Assis depuis notre voyage l'un à côté de l'autre sans aucun souci de retrouvaille, quelle belle journée dans ma vie !

Tout d'un coup, le train s'arrêta, c'était leur point d'arrivée commun et ils se précipitèrent à prendre leur bagage et de sortir avant que le train continue son chemin. Arrivés au sol, après avoir laissé tomber tous leurs bagages, ils embrassèrent pendant cinq minutes oubliant leur entourage seulement ils avaient laissé le passage pour qu'ils ne soient pas gênés dans leur retrouvailles. Ils sont partis encore ensemble parce que leur appartement était encore l'un face à l'autre mais personne n'était au courant de rien. A sa première arrivée dans cette ville, Gabriel y a passé seulement une nuit rien qu'une installation et il est reparti encore pour y retourner ce jour. Ce parcourt de cinq minutes à pied n'était rien qu'un rappel à leur vieux temps jusqu'à ce qu'ils arrivèrent à leur appartement et sans tarder chacun rentre chez lui afin d'éviter ce neige qui commence à tomber.

Gabriel était si heureux de retrouver encore Inès mais il savait que ce n'était plus l'amour de sa vie, il est marié et père de trois enfants. Arrivé à peine dans son appartement, congelé au niveau des doigts et orteils malgré des gants et bottes de bonnes qualités, il se réchauffe avant qu'il appelle sa famille qui était inquiet à cause de l'état d'hiver dont il n'est pas encore habitué. Une heure plus tard, Inès a appelé pour se rassurer qu'il va bien, une discussion qui a duré une vingtaine de minutes avant un rendez fixé le lendemain dans l'après midi.

Le matin, après avoir pris le contact avec l'administration de l'Université ou se déroulera sa formation, il a commencé à s'organiser et réquisitionner des boissons, des aliments, des produits de nettoyage et tous les biens nécessaires dont il aura besoin dans sa vie quotidienne. Après un repos, il alla à son rendez vous chez Inès, ils ne pouvaient pas aller dans une cafétéria, la sortie dans ce temps d'hiver est risquée et ils ont préféré rester chez elle.

Elle était pleine d'émotion dès l'arrivée de Gabriel, sa maison était bien ordonnée et décollée comme s'elle attendait un invité d'honneur.

-Soyez le bienvenu Gabriel

-Merci infiniment

- Vraiment je ne sais pas à quel point cette visite est significative dans ma vie d'après ces long années d'absence et j'étais désespérée que je ne te trouverais jamais.

- Et moi aussi c'était pareil.

- De quoi peux-je vous servir, du vin, Whisky ou du thé

-Du Whisky c'est mieux, avec ce froid

Ils ont partagé ce ver de Whisky en discutant sur leur passé, leur retrouvaille, la vie de sa grande sœur Charlie et de son frère mais sa vie après la mort de sa mère.

-Tu vois que je suis habituée au mode de vie d'ici, plus de dix ans dans ce pays, c'est énorme ! Mais je suis la pour toi.

-Merci, je vous remercie d'avance.

-Je vois que tu portes une alliance, Tu es marié aussi.

-Oui, je suis marié et père de trois enfants, deux garçons et une fille.

-Que Dieu soit loué. Pour moi c'est une longue histoire je ne sais pas si tu es prêt à l'entendre ?

-Pourquoi pas, je dois connaitre ton parcours aussi long qu'il soit.

-Mais d'abord, je n'ai pas eu le temps de te remercier, tu as été près de moi durant la maladie et la mort de ma mère même si je suis partie sans que je te remercie mais au fond de moi, tu as été un ami formidable.

-C'était le moindre des choses que j'ai pu faire pour toi et si j'en ai eu l'occasion, j'en aurais fais plus que tu l'imaginais.

-Merci encore. Après la mort de ma mère, je ne pouvais pas rester seule à la maison ou me marier tout de suite n'était pas envisageable mais aujourd'hui, je panse que c'était la meilleur solution pour ne pas te perdre. Une réunion de famille a décidé que je parte avec mon frère Marc au Nouvelle Zélande et je n'avais pas de choix puis qu'il a avaient obtenu mon visa d'urgence à l'aide de leur ami haut classé au Ministère des Affaires Etrangères et des billets d'avion étaient disponible, le reste était de partir comme un mouton mais j'étais chagrinée parce que j'avais perdu l'amour de ma vie. Tous les contacts étaient restées avec ma grande sœur Charlie au moment où j'espérais reprendre contact, tout retombe en l'eau encore, sa famille quitte le pays et le seul espoir qui restait était perdu en avance, l'amour de ma vie en perd aussi. .

En arrivant, la vie était belle, j'ai continué mes études en espérant rentrer au pays à la fin mais au contraire je suis tombée amoureuse de Jacques, une année plus tard, on a fait le mariage, deux ans après, on a divorcé, il est parti en Pologne et je suis reste ici. J'avais perdu ma raison de retourner dans notre pays, j'avais perdu ma virginité alors que j'espérais que nous serions chaste et vierge à notre mariage, j'avais perdu encore de plus et perdu mon pays encore.

-La vie nous offre des opportunités de façons différentes mais tu dois te battre pour ton futur et tu y arriveras

-Mon futur sans toi, n'as pas de sens sauf si tu ne partiras pas ici sans moi, es-tu prêt ?

-On peut partir bien sur ensemble comme ami et je t'aiderai à te familiariser, le reste tu te débrouilleras

-Alors, je resterai ici, pas de raison.

Leur conversation a été longue mais constrictive, c'était le moment de passer ensemble dans la cuisine pour préparer aussi le repas du soir et en partager après.

De jours en jours, personne ne pouvait pas passer la nuit sans qu'il ait les nouvelles de l'autre.

Une année passée dans ce mode de vie et d'amitié y relative à leur consentement mutuel mais un jour, lors d'un dîner d'anniversaire d'Inès, ce partage de gâteau, a été une occasion d'une discussion approfondie de leur passé mais aussi une opportunité de la part d'Inès d'invoquer ses besoins selon ses propos

-Gabriel, je te remercie beaucoup pour cette belle journée d'anniversaire que tu as organisée à ma faveur, dans les cinq ans passées, j'avais ignoré ou oublié son existence et aujourd'hui ,tu as fait revivre en moi mes sentiments d'existence, merci infiniment.

-Merci à toi aussi, c'était mon devoir célébrer cette anniversaire aussi longtemps que j'en avais eu l'occasion de te remercier la façon dont tu m'as aidé à m'installer dans cette ville dont je ne connaissais personne sauf toi et tu as tenu ma compagnie malgré tes obligations mais tu l'as fait pour moi.

- C'est le moindre des choses dont je suis sensée faire à toi même si de jours en jours, mes sentiments commencent à dominer ma résistance et je souhaite que tu m'accordes une faveur.

-Mais quelle faveur dont tu souhaites que je t'accorde vraiment ?

-Tu sais que notre amour existe toujours en moi, mes sentiments sont aujourd'hui plus fort que jamais, nous sommes des personnes adultes, loin de notre pays, de nos familles et dans les jours à venir, je resterai encore seule parce que je suis divorcée et sans enfants mais au contraire toi, tu es marié et père de trois enfants. Ta femme t'aime beaucoup et moi je t'aime aussi même si toi tu ne ressens plus rien pour moi, tu évites tout contact avec moi pour ne pas tromper ta femme mais je suis moi aussi une femme qui a besoin de cette amour, de cette affection, de tes caresses et d'avoir un jour un enfant. « Passe une nuit avec moi au moins j'en ai besoin. »

- Tout ce que tu me demandes ne sont pas faisable, j'aime ma femme et je ne voulais pas la tromper en aucun cas, être loin de ma famille ne pouvait justifier un tel comportement. Des fois, on peut en avoir l'envie de le faire mais quand je panse que ma femme attende aussi mon retour, la force de résister s'accroisse en moi de plus. Je suis désolé !

-Mais une seule nuit seulement ! Et si je te propose d'être ta deuxième bureau d'ici, qu'en dirai tu puisque tu sais que tu ne résisteras pas à mes charmes. Ton corps fonctionne normalement et la mienne aussi, pour quoi tu m'évites encore, tu es encore l'amour de ma vie

-A l'époque de notre amour, c'était vrai avant que tu épouses un autre homme, Jacques est l'homme de ta vie à jamais et moi la femme de ma vie est Lucie.

-Tu as oublié notre alliance, cette chainette me rappelle ton amour, mes souvenirs y sont dedans, j'avais perdu beaucoup de choses mais cette chainette est restée

-Oui je me souviens de cette chainette, sa valeur date de longtemps avant que nos chemins se croisent, avant notre amour.

-Mais, de quoi tu parles, c'est étrange dans mes oreilles !

-Cette chainette, est un cadeau de l'amour sincère que j'aimais Charlie, elle aussi, me l'a offerte en guise de remerciement et comme témoin de sa fidélité. Lors de son mariage était le moment idéal pour me l'offrir afin que j'accepte sa décision et reste fidèle à son amour. A ce moment, tu étais l'amour de ma vie, la raison de te la donner comme une alliance existant entre nous les trois.

-Menant, je comprends tous, tu aimais beaucoup Charlie et elle aussi ne voulait pas te perdre, elle t'a donné cette chainette pour cela et moi aujourd'hui je la possède puisque tu me l'as offerte comme signe de fidélité à notre amour qui n'existe plus. Message reçu merci !

-Merci pour ta compréhension et merci pour tous.

Leur soirée a pris fin, Gabriel rentre chez lui laissant Inès seule dans une solitude absolue mais la fidélité est la base de leur amitié.

Pendant les mois qui ont suivi cet anniversaire, Gabriel a augmenté ses efforts dans sa formation qui arrivera bientôt à terme mais sans l'oublier, des coups de fils ainsi que quelques visites de routine en vue de garder leur amitié solidement existant.

La veille de son rentre au bercail, Gabriel a fait une visite d'adieu à sa meilleure amie Inès,qui,de plus ces dix huit mois passées dans ce pays de Finlande, elle a été toujours à côté de lui dans les dures et bons moments sans ce soucier de leur amour qui n'a plus de valeur mais de sa bonté et sa gentillesse qui dominent tout.

-Aujourd'hui, je suis venu te remercier de ton aide, de ton accueil et ton soutien durant tout mon séjour ici, tu as été formidable, je n'oublierai jamais de bon moments passés ensemble, merci infiniment.

- Moi aussi, ton séjour ici, m'a ramenée le courage, tu m'as enseigné comme être fidèle à ta promesse est une valeur morale la plus importante dans la vie. Tu as été l'homme idéal pour moi et ta famille, j'en serai toujours reconnaissante.

-J'aimerais passer encore quelques mois ici mais ma famille a besoin de moi, mon travail mais un jour, je reviendrai to rendre visite, je te promets moi seul ou avec ma famille.

-Tu es toujours le bienvenu mais avant que tu partes je voudrai te demander pardon de la façon dont je me suis mal comportée en voulant que tu passes la nuit avec moi, j'avais l'envie de le faire mais avec cette chainette, j'ai compris que la fidélité est plus important que nos désirs humains. A ce fait, prends cette chainette et tu dois l'offrir à ta femme en guise de remerciement de son amour, de sa fidélité et restera aussi comme une alliance à nous les quatre.

- Je ne sais pas encore comment te remercier de nouveau mais je suis sûr et certain qu'au moment où tu reviendras dans ton pays natal, ma famille sera la votre et nos familles s'uniront à jamais.

Ils ont partagé ensemble une bouteille de vin avant de se diriger vers l'aéroport dans ce train qui les a unis et qui était pour eux comme un endroit de retrouvaille mais aussi de séparation mais cette fois ci, ils ont gardé leur contact ainsi que celle de Charlie ont été retrouvés, ils restèrent unis à jamais.

L'amour sincère dure toujours.

A son arrivé à l'aéroport, Gabriel a été accueilli par sa famille, sa femme Lucie, ses deux garçons Omer et Lucas et sa fille Anaëlle, ils étaient accompagnés par quelques membres de sa famille. A sa sortie de l'ascenseur, sa femme était prête avec un magnifique bouquet de fleur qu'elle lui a offerte avant de s'embrasser plus de cinq minutes et ses enfants s'en suivent et les autres. Après avoir reçu des cadeaux de la part de ses enfants, ils ont débarqué dans leur voiture et prennent le chemin de rentrer chez eux. Arrivé à la maison, même si il était fatigué, sa famille occupe la première place, c'était une occasion de connaitre leur nouvelle à son absence ainsi que les siens. Sa femme avait fait son possible pour que son mari se sente en l'aise à son arrivé, en ordonnant sa chambre et le reste de la maison ainsi que le jardin. C'était aussi le bon moment d'ouvrir tous les cadeaux que leur père avait acheté pour les enfants et pour sa femme et ils ont été surpris que tous les habits et souliers étaient adaptés à leur taille. Sa femme était tellement contente et compte tenu du temps passé seul, elle ne pouvait pas perdre une seconde en lui laissant seul.

-Chérie, tu sais combien ton absence a été dure pour moi même si mes enfants étaient présent à côté de moi chaque jour mais pendant la nuit la solitude m'emporte et le sommeil s'en va aussi mais aujourd'hui, je vais dormir comme un bébé dans tes bras.

-Et moi aussi tu m'as manqué tellement, chaque fois que notre conversation prenne fin, la solitude m'envahit dans ce pays dont l'hiver est leur vie mais avec l'espoir de rentrer bientôt tombé dans les bras de la femme que j'aime et nos enfants adorables rendent mes jours plus courts que prévus

-Mais tu m'as dit que dans la ville d'où tu vivais, il y avait une femme dont tu avais connu avant moi, j'espère qu'elle a essayé de combler le vide à mon absence !

-Mais tu rigoles, personne ne peut te remplacer dans mon cœur quelques soient les conditions, tu es l'unique amour de ma vie.

-Je le sais moi aussi que tu restes toujours fidèle à ta promesse, j'en suis reconnaissante et fière de toi.

-Merci mon amour mais permets moi de te parler un peu de cette femme

-Avec plaisir, je t'écoute mon cœur.

-Il ya longtemps, j'étais amoureux d'une fille s'appelant Charlie, nous étions dans un même collège mais elle était âgée plus que moi, elle m'aimait vraiment mais un jour j'ai pris la décision de changer ce collège mais en partant, j'ai perdu aussi Charlie parce que nos contacts ont été aussi perdu. Deux ans plus tard, je suis allé la rendre visite mais en y arrivant, elle était au bout de son mariage comme elle ne voulait pas me perdre de nouveau, elle a supplie sa petite sœur Inès, qui était aussi dans un période de déception, de prendre son relais. Cet amour avec Inès n'a pas duré longtemps aussi puis qu'au moment où nous avons prévu d'officialiser notre amour, sa mère tomba malade d'une terrible maladie et mourra quelques jours après. Sa famille décida qu'elle devrait partir avec son frère qui vivait dans les pays scandinaves quelques mois plus tard sa grande sœur ainsi que sa famille parte en Suède et la chance de récupérer leur contact s'évapore à jamais. Inès est la femme dont je t'ai parlé au téléphone, elle avait fini ses études, mariée et divorcée après.

-Quelle triste histoire, mais tu l'aimes encore ?

-Non, je l'adore seulement, c'est toi seule que j'aime.

-Merci infiniment chéri !

-A son mariage, Charlie m'a offert un cadeau, une chainette en or comme symbole de l'amour dont je suis témoin et fidèle. A ma part, je l'avais offerte à Inès mais quand elle est partie, elle la garda tous ces années jusqu'au moment où elle se maria avec un autre mais en notre rencontre, elle a voulu que l'amour qui avait disparu revienne et recommence mais j'ai resté fidèle à mon serment. Deux jours avant mon départ, elle m'a remis la même chainette voyant qu'elle n'était plus l'amour de ma vie et elle m'a supplié de l'offrir à ma femme.

-Oh mon Dieu !

-Chérie, cette chainette, est le symbole de l'amour que je ressens pour toi, de ma fidélité à jamais que je sois loin ou près, tu es l'amour de ma vie à jamais.

Une chainette qui a embelli sa poitrine d'une beauté extraordinaire, leur ambiance ne fait que commencer pour cette soirée romantique dont chacun est témoin de son amour. Une semaine plus tard, ils ont organisé une petite fête à l' occasion de dix ans de leur anniversaire de mariage en invitant quelques membres de sa famille et voisins pour les aider à célébrer cet événement.

Une messe de remerciement à Dieu pour tous les biens reçus durant ces dix ans de mariage et de confier le reste de leur vie au Tout Puissant a eu lieu à la chapelle St Dominique et un vin d'honneur a été partagé à la maison suivi d'un dîner dont chacun se souviendra toujours.

D'après les mots de remerciements de chaque part, des cadeaux au plaisir de leur souvenir inoubliables et se termine par des phrases apparues au projecteur jusqu'à la fin de cette fête et au rendez vous au quinzième anniversaire de leur mariage.

« Il n'y a qu'un seul amour vrai dans une vie, un seul qui compte, qui grandit, et qui dure pour toujours…..dans la vie…..dans la mort…. Ensemble, nous ne faisons qu'un…. Ma bien aimée, tu es l'amour de ma vie, la seule, l'unique…..àjamais. »

Table des matières

Printed by Books on Demand GmbH, Norderstedt / Germany